2024年云南省哲学社会科学规划社会智库项目"云给体系建设研究"(SHZK2024302)

U0499320

旅游消费移民流动
及再嵌效应研究

马玉　田里 ◎ 著

中国财经出版传媒集团

经济科学出版社
Economic Science Press

·北　京·

图书在版编目（CIP）数据

旅游消费移民流动及再嵌效应研究／马玉，田里著．
北京 ： 经济科学出版社，2025.2. -- ISBN 978 - 7 - 5218 -
6723 - 7

Ⅰ. F592.6

中国国家版本馆 CIP 数据核字第 2025G6P088 号

责任编辑：刘战兵
责任校对：孙　晨
责任印制：范　艳

旅游消费移民流动及再嵌效应研究

LÜYOU XIAOFEI YIMIN LIUDONG JI ZAIQIAN XIAOYING YANJIU

马 玉 田 里 著

经济科学出版社出版、发行　新华书店经销
社址：北京市海淀区阜成路甲 28 号　邮编：100142
总编部电话：010 - 88191217　发行部电话：010 - 88191522
网址：www. esp. com. cn
电子邮箱：esp@ esp. com. cn
天猫网店：经济科学出版社旗舰店
网址：http://jjkxcbs. tmall. com
北京季蜂印刷有限公司印装
710×1000　16 开　13.5 印张　200000 字
2025 年 2 月第 1 版　2025 年 2 月第 1 次印刷
ISBN 978 - 7 - 5218 - 6723 - 7　定价：58.00 元
（图书出现印装问题，本社负责调换。电话：010 - 88191545）
（版权所有　侵权必究　打击盗版　举报热线：010 - 88191661
QQ：2242791300　营销中心电话：010 - 88191537
电子邮箱：dbts@ esp. com. cn）

前言

Preface

20 世纪下半叶以来，社会经济的进步、交通通信设施的普及、大众旅游的发展等因素全面推动了旅游消费移民在西方发达国家的发展。近十年来，我国旅游消费移民逐渐兴起，并迅速成为人口流动中不容忽视的组成部分。旅游消费移民在推动旅游目的地经济发展的同时，也带来了物价上升、环境恶化、社会问题增多、管理难度增大等诸多问题。然而，目前对旅游消费移民的研究多基于人口学视角，采用嵌入理论的旅游消费移民研究十分缺乏，关注旅游消费移民再嵌效应的成果尤为鲜见。本书从嵌入性视角对旅游消费移民流动展开系统性研究，并对再嵌效应进行探讨，具体研究过程与结论如下。

第一，构建了旅游消费移民理论框架。基于前人的研究结果，本书将旅游消费移民定义为：因旅游消费而跨越县级行政区域 1 个月及以上的群体。这一概念包含了移民动机、持续时间和空间跨度三个维度的内涵。在概念界定的基础上，对旅游消费移民分布特征和流动过程进行了探讨，得出结论：旅游消费移民在目的地方面呈现零星分布、聚集分布和边缘分布三种分布状态；旅游消费移民流动包含脱嵌、再嵌与回嵌三个过程。

第二，探讨了旅游消费移民脱嵌的成因。旅游消费移民脱嵌是旅游消费移民从流出地前往目的地的过程，是旅游消费移民再嵌入目的地的先导环节。旅游消费移民脱嵌受理想驱动力、现实驱动力、持续发展力三种力量的作用，分别对应资源因素、经济因素和社会因素三类因素。在三类因素中，资源因素和经济因素决定旅游消费移民脱嵌是否成功，社会因素决定旅游消费移民脱嵌时间长短。采用资源因素和经济因素对旅游消费移民脱嵌成因进行探讨,得出旅游消费移民脱嵌包括"气候+资源"型、"气候+收入"型、"气候+资源+收入"型三种主要模式。

第三,分析了旅游消费移民再嵌的成因。旅游消费移民再嵌是旅游消费移民融入目的地的过程,是旅游消费移民流动的重要环节,是社会消费因素、社会文化因素和社会保障因素三大再嵌因素共同作用的结果。本书借助定性比较分析法,以云南省景洪市旅游移民为调查对象,对三大因素的作用进行测量,结果表明:社会消费因素和社会保障因素对景洪市旅游消费移民再嵌的影响较小,社会文化因素对景洪市旅游消费移民再嵌的影响较大。

第四,建立了旅游消费移民再嵌效应模型。旅游消费移民再嵌效应是在人口结构、人口规模和人口行为等单维再嵌效应因素的组合作用下,经消费需求传导、地方差异传导、社会趋势传导和环境网络传导,对社会、经济、文化、环境和管理五个方面形成的综合影响。本书在建立旅游消费移民再嵌效应理论模型的基础上,结合 PSR 模型,建立了旅游消费移民再嵌效应测度模型,并根据测度模型的要求,建立了旅游消费移民再嵌效应测度指标体系。

第五,测度了旅游消费移民再嵌效应。本书以云南省景洪市为案例地,对旅游消费移民再嵌效应在社会、经济、文化、环境、管理五个方面,以及压力、状态、响应三个维度的影响进行了测度和分析。实证结果证明,旅游消费移民再嵌效应的机制与理论预期相符;旅游消费移民通过居住、购物、休闲等活动开展旅居生活,在扩大消费、推动旅游目的地经济发展的同时,加重了环境负担,推动了目的地房价、物价升高,生活成本提高,从而引起社会冲突;随着移民数量的增加,移民和本地人在饮食习惯、生活起居等方面的差异逐渐积累,从而对旅游目的地文化产生影响。在旅游消费移民再嵌效应对社会、经济、文化和环境四个领域影响的叠加之下,目的地管理压力增加,管理难度提升。

第六,提出了旅游消费移民再嵌效应调控建议。旅游消费移民再嵌效应的调控涉及理念层、理论层和操作层三个层面。应以降低压力、优化状态、加快响应为调控三大目标，以旅游消费移民与旅游地融合、创新、引导、法治和生态发展为理论指导，以搭建社区融合机制、建立产品创新机制、完善引导开发机制、落实环保责任机制、构建移民管理机制为具体方法，降低旅游消费移民再嵌效应的负面影响，推动旅游地可持续发展。

　　本书创新点集中于三个方面：一是从嵌入性视角对旅游消费移民进行了研究，得出旅游消费移民流动存在脱嵌、再嵌和回嵌三个流动过程；二是系统性探讨了旅游消费移民再嵌效应，得出旅游消费移民再嵌效应存在社会、经济、文化、环境和管理五个方面的影响；三是采用定性定量混合法对旅游消费移民进行研究，通过定性比较分析法对旅游消费移民脱嵌和再嵌成因进行探讨，通过 SECEM – PSR 模型对旅游消费移民再嵌效应进行探讨。未来的研究方向主要包括旅游消费移民对本地居民回嵌的影响，时间序列的旅游消费移民嵌入效应研究、旅游消费移民再嵌效应的影响范围研究。

目
录 | Contents _____

1

—————————————第一章—————————————

绪　论

本章是对全书内容的总体概述和介绍。首先，结合旅游消费移民的现实情况，本章分析了研究背景，提出了研究问题；其次，本章回顾和述评了国内外相关研究进展，锁定了研究空白，规划了研究路径；最后，本章明确了研究目的、研究意义、研究思路、研究方法、研究内容等，形成了研究整体框架。

一、研究背景与问题

（一）研究背景

1. 中国人口流动进入"高活性"时代

纵观人类历史，人口的流动是推动人类文明进步、促进社会经济发展的重要力量。因区域间自然环境、社会经济差异的存在，人类通过流动，不断地改变人口的空间分布，主动进行调整和适应。中国自改革开放以来，逐渐宽松的政策环境使长期受就业、户籍管理、社会福利保障等制度制约的人口流动得到了松绑，加之本身巨大的人口基数，流动人口规模迅速膨胀。根据国家统计局发布的《第七次全国人口普查公报》，中国流动人口①规模为 37582 万人，其中跨省流动人口为 12484 万人，与 2010 年第六次全国人口普查数据中流动人口数量 26139 万人相比，流动人口增长了 44%。中国正经历着人类历史上和平时期前所未有的、规模最大的人口迁移活动[1]。

人口流动的过程势必引起区域间人口数量和结构的变化，促进不同国家或区域间劳动力、知识、技术、信息等生产要素的流动，从而对地区社会、经济、文化、环境产生深刻的影响。中国目前这种大规模、持续不断扩大的人口流动，在促进国民经济增长，加速城镇化、工业化进程，平衡人力资本分布，推动产业结构调整等方面起着重要的作用，但同时也带来了诸如人口空心化、环境污染、犯罪率上升、传染病风险提高等问题。

2. 消费移民目的地与旅游地高度重叠

随着社会经济的发展和全球化的深入，西方发达国家最先出现了以旅游消费为主导的移民现象。传统劳动力移民以劳动适龄人口为主，移民主体的主要特征是职业性，移民活动的主要影响因素是区域间经济差异与随之带来的预期收入差距；而消费移民主体的主要特征是消费性，移民活动更多受到目的地气候条件、自然环境、物价水平等因素影响，偏向流入气候温和、环境优美，同时市场潜力更高、价格指数更低的地区[2]。对"美好生活的向往"使消费移民的拉力因素与旅游地构成要素产生了高度重叠，移民目的地主要集中于旅游地。无论是西班牙的太阳海岸、墨西哥查帕拉力维埃拉湖、澳大利亚的黄金海岸等，还是我国的三亚、巴马、珠海、景洪等地，在成为受旅游消费移民欢迎的目的地之前，本身都是较为成熟的旅游目的地。冬季温暖的气候、优美的自然和人文风景、独特的当地生活方式、可达性较强的地理位置、较低的生活费用[3]构成了吸引消费移民的主要原因。消费移民或因躲避严寒酷暑或因康体养生养老，或购买房产或进行租赁，或把日常生活旅游化或使旅游度假日常化，移民动机、行为模式和产生的效应与劳务移民和旅游者都有很大的差异。在我国，面

---

① 流动人口是指人户分离人口中扣除市辖区内人户分离的人口。

向旅游地的消费移民是随着社会经济发展而产生的一种全新人口流动现象。

3. 我国旅游消费移民活动初具规模

随着我国人口老龄化加深、收入稳步增长和消费结构升级，居民对养老、健康、旅游等服务消费的需求加速增长，一部分有条件的国民选择迁往、流往风光秀丽、气候温暖的旅游地不定期、季节性、长期或永久地居住：2013 年约 15 万"候鸟人"在巴马瑶族自治县盘阳河流域避暑越冬和长居生活[4]；据三亚市异地养老老年人协会不完全统计，2018 年冬季全国各地"迁徙"到三亚过冬的老人超过 100 万；根据《西双版纳州第七次全国人口普查主要数据公报》，以及 2020 年第七次全国人口普查与 2010 年第六次全国人口普查数据对比，景洪市常住人口数由 51.99 万人增至 64.27 万人，10 年增加了 12 万余人，增幅高达 23.6%，远超全国人口 5.38% 的增长水平，是全国为数极少、云南唯一一个常住人口增长超过两位数的县级市，而其中户籍人口数由 39.92 万人增至 43.25 万人，10 年增加了 3.33 万人，增幅仅为 8%。

由此可见，旅游消费移民现象在中国已初具规模。在此背景下探讨旅游消费移民流动形式及其对目的地产生的影响，对旅游目的地政策制定及实现可持续发展具有重要的理论价值和现实意义。

（二）问题提出

我国对旅游移民尤其是旅游消费移民的研究远远滞后于社会实践发展。旅游消费移民是一个怎样的群体？流动的主要动机是什么？和其他类型的移民以及普通旅游者相比有哪些特征？旅游消费移民通过人口结构、规模和行为，在停留时间的叠加作用下，势必会对目的地产生深刻且复杂的影响。那么旅游消费移民对旅游地产生了哪些影响？影响机理是什么？如何对旅游消费移民效应进行系统调控？对文献进行查询与整理发现，现有研究并不能完整回答以上问题。

当前学术界对旅游移民的研究多是从群体特征层面展开分析的，这些研究为加深旅游移民动机与行为的理解提供了重要的理论参考。本书认为，旅游消费移民的行为与旅游消费移民所处的社会系统有着密切的关联，研究旅游消费移民还需要把这一群体放在移民行为发生的社会环境中，即离开的常住地及前往的目的地社会系统中去分析和考量其行为、动机及影响。早在1944年，波兰尼（Polanyi）就提出"嵌入—脱嵌"理论来阐释经济行为和社会系统的关系，认为经济行为若脱离了所处社会系统的治理，就可能对社会系统造成破坏[5]。之后的学者对"嵌入—脱嵌"理论进行了深入探讨与广泛应用，使该理论的概念外延与应用范围在不同学科领域得到拓展。德国社会学家乌尔里希·贝克（Ulrich Beck）引入脱嵌、去传统化和再嵌概念从解放维度、失效维度以及重新整合三个维度解释和分析了"个体—社会—国家"关系变迁的趋势与过程[6]。基于"嵌入—脱嵌"理论的成果为本书提供了十分有益的理论借鉴与研究框架。本质上，旅游消费移民的产生就是个体从既定的、传统的社会系统中脱嵌的"个体化"过程，在规模与时间的双重累积作用下，演化为一种社会现象，主要通过旅居行为，对旅游目的地社会系统造成影响。因此，本书以"嵌入—脱嵌"理论为指导，对旅游消费移民的流动过程及对旅游目的地产生的影响展开研究，具体从以下五个方面切入。

第一，回顾国内外旅游消费移民研究进展。挖掘现有旅游消费移民相关文献观点，梳理旅游消费移民已有相关概念、研究内容、研究方法等，进而支撑研究的理论创新与贡献。

第二，重构旅游消费移民概念体系。整合已有旅游消费移民、生活方式移民等领域的多元概念，形成旅游消费移民基本理论体系，从嵌入性视角对旅游消费移民流动进行研究。

第三，基于嵌入理论探析旅游消费移民对旅游目的地的影响。运用嵌入理论，以文献分析、理论借鉴、逻辑演绎等方法为基础提炼出层次性、机制性的影响机理，解决形成机理、传导机理、作用机理三大问题。

第四，测度旅游消费移民对旅游目的地的影响。评价旅游消费移民对旅游目的地产生的影响，探究影响程度大小、影响领域差异、障碍类型构成。

第五，探讨旅游消费移民对旅游目的地影响的调控机制。基于理论基础与实证结果构建旅游消费移民对旅游目的地影响的调控机制，明确调控思路、调控措施与政策建议，将旅游消费移民负面影响控制在最小范围内。

二、研究进展与述评

从研究范畴来看，旅游消费移民在本质上属于旅游移民研究体系下的旅游消费移民研究[7]，因此本书在回顾旅游消费移民的研究现状时，不可避免地涉及对旅游移民相关文献进行分析。通过对国内外旅游移民的研究进行系统梳理，可以发现学界在旅游移民的研究领域已经积累了不少研究成果，产生了许多具有价值的理论观点。其中以杨钊和陆林等的研究贡献最为显著，他们首次将旅游移民从国外引入到国内旅游研究体系中，极大地突破了传统旅游研究领域仅仅关注旅游者、旅游业、旅游地的限制[8]。总体来看，现有理论文献围绕基本概念、研究内容、研究方法已经形成了较为丰富的成果，促进了旅游移民研究的不断完善与成熟。需要说明的是，本书研究的是旅游消费移民，因此在对以往文献进行分析时剔除了旅游劳务移民相关文献和理论观点，主要对旅游消费移民相关文献进行回顾。在已有研究中，国内外学者围绕旅游消费移民的类型划分、主要特征、形成原因、影响效应四大维度取得了较为丰富的成果，极大地推动了旅游消费移民的研究进程。

（一）旅游消费移民概念界定

在旅游语境下探讨人口迁移流动的问题由来已久，国内外相关学者将1999 年由国际地理联合会在美国组织的主题为"可持续乡村环境：全球化问题、移民与旅游"的学术会议视为旅游移民研究中的标识性事件[9]。自此之后，国内外对旅游移民这一现象的关注开始持续增加，旅游消费移民也受到了广泛的关注。国内外围绕旅游消费移民这一现象形成了错综复杂的概念体系，总体上可概括为以旅游消费移民、生活方式移民为核心的两大概念体系，诸多学者也倾向于选择其中之一来统领旅游消费移民的其他概念术语。

1. 旅游消费移民

因旅游消费移民这一群体行为表现和流动现象的复杂性，旅游消费移民一直以来都存在概念界定上的困难，概念体系呈现出零散、琐碎的特征。通过文献梳理发现，最早以旅游消费移民这一概念统筹旅游消费导向移民的研究为国内学者杨钊和陆林于 2008 年在《地理研究》上发表的《旅游移民研究体系及方法初探》一文，他们在梳理国外旅游移民丰富成果的基础上构建了旅游移民研究体系，将旅游移民划分为旅游劳工移民与旅游消费移民，其中进一步将旅游消费移民划分为生活方式移民与旅游退休移民，认为旅游消费移民是指在旅游目的地购买房产进行长时间居住的移民，这一行为主要受先前旅游经历和休闲动机所驱使[7]。这一研究属于系统探讨和整合旅游移民的探索性尝试，不可避免地存在不足之处，但也极大地推动了国内旅游移民研究的进程，国内学者对旅游领域移民现象的关注也因此加强。黎慧等认为，不同于旅游劳工移民，旅游消费移民不是出于经济目的，而是向往文化体验、休闲度假、生活方式等[10]。

总体来看，在已有内涵体系中，现有研究多倾向于将生活方式移民、舒适移民、季节性移民、退休移民等概念统一归属于旅游消费移民的概念范畴中，虽然这解决了消费移民领域内概念错综复杂的现状，但是现有研究并未对旅游消费移民展开进一步探讨，加之国内由于旅游产业发展而催生的旅游劳务移民现象在时间上早于、规模上大于旅游消费移民，致使旅游移民后续文献多聚焦旅游劳工移民[11-14]，旅游消费移民的概念体系研究仍停滞不前。

2. 生活方式移民

与消费移民密切相关的概念为生活方式移民。不同于旅游消费移民，国内外对不同类型的生活方式移民进行了深入研究，也取得了诸多具有启发性的研究成果。

在国外旅游移民相关研究中，罗德里格兹（Rodriguez）认为旅游移民应当包含四个要素：第一，形成了一定的群体；第二，群体内不同的类型具有不同的行为规律和方式；第三，移民行为具有明确的动机；第四，对区域产生了不同的影响[15]。基于这一基本内涵，索特（2001）将都市人口迁入沿海并追求特定生活方式的群体定义为海边移民，以此来区别其他类型的人口迁移现象[16]，后续也有较多学者使用这一术语来描述这种新的人口流动现象与居住模式[17,18]。伯恩利和默菲（Burnley and Murphy）[17]、考斯特罗（Costello）[19]进一步提出了乡村移民、城郊移民的概念，用来描述经济宽裕的老年群体为追求更好的生活方式而移居乡村的现象。古兰（Gurran）于 2008 年提出了舒适移民的概念来定义选择休闲轻松、环境舒适、房价适中的地区进行迁移的一类群体[20]。本森和奥莱利（Benson and O'Reilly）则使用生活方式移民（lifestyle migration）来描述相对富裕的个体因各种动机暂时或永久迁移至具有另一种生活方式的地方[21]，托尔金顿（Torkington）也采用生活方式移民的概念对这一现象进行解释[22,23]。阿克伦德（Åkerlund）也指出，生活方式移民这一概念能够更好地解释由暂时性旅游流动到永久性定居的连续谱系上的所有移民类型[24]。除了上述概念，退休移民[25]、旅游者移民[26]、季节性移民[27]、逆城市化移民[28]、阳光地带移民[29]、候鸟式迁移者[30]等术语也是与生活方式移民密切相关的概念，受到了国外学者的广泛关注。由此可以发现，国外对旅游消费移民现象的研究起步较早，已经取得了较为丰富的研究成果，但是概念上的多元复杂也制约了学者对该领域的深入研究。

国内对旅游消费移民现象的关注总体上晚于国外，自杨钊和陆林 2005 年将旅游移民的概念引进国内旅游研究话语体系之后[8]，该领域的研究开始不断增多，但由于国内研究起步较晚，因而对旅游消费移民的研究也不可避免地受到国外的影响，在概念体系上呈现出多样性的趋势与特征。总体上来看，国内研究中与生活方式移民相关的概念有生活方式移民、生活方式旅游企业主移民、季节性旅游移民、第二居所旅居者、退休移民、舒适移民等。杨钊和陆林在概念归属上将生活方式移民、退休移民划归于旅游消费移民的两个子类，认为生活方式移民的主要标志为购买第二房产，在旅游地不定期居住并且时间较短，主要发生在退休前的人生阶段[7]；退休移民则主要为前往气候舒适、适宜度假的目的地进行季节性和永久性居住的群体，主要发生在退休后的人生阶段。梁微[31]、张倩帆[32]、马少吟[33]、马少吟和徐红罡[34]等在其研究中打破生产与消费的明确界限，使用了生活方式型旅游企业主移民的术语，这不属于已有研究划分的旅游劳工移民和旅游消费移民的范畴，生活方式旅游企业主移民兼具生产与消费的双重特征[35]。唐香姐和徐红罡在其研究中使用生活方式移民的术语统筹其他移民概念，以迁移动机的生活方式性为依据将各种移民现象置于流动谱系中，从而实现对已有概念的整合[36]。谭华云和许春晓在其研究中指出了生活方式移民与季节性移民的区别，生活方式移民关注迁移的目的，而季节性移民则关注迁移的流动特征，两大术语之间存在交叉重叠[4]；谭华云和许春晓则沿用高斯内尔和阿布拉姆斯（Gosnell and Abrams）对舒适移民（amenity migration）的定义，认为舒适移民是一种消费导向型的移民现象，这类群体为了寻找更好的生活而暂时或永久迁移到象征更好生活质量的目的地，开展季节性旅游（1~6个月）和长居生活实践（6个月以上）[37,38]。王金莲等[39]、王金莲和苏勤[40]则引用国外第二居所旅居的概念术语，将第二居所旅居视为一种新的人口流动现象，介于短暂性旅游与永久性移民之间。陆思敏等将退休移民定义为"达到法定退休（或离休）年龄之后，出于养老、休闲、家庭团聚等目的，离开户口所在地6个月及以上到其他居住地进行永久性和季节性居住的移民"[41]。王宁在承接以"生活方式移民"或"舒适物移民"两个术语来统筹其他旅游移民概念的基础上，将舒适物移民或生活风格移民内部划分为创业型和消费型两类，并进一步指出消费型舒适物移民或生活风格移民多为退休后或积攒足够消费资金的人，因受目的地的自然资源吸引或偏好目的地舒适物，而选择从城市迁移到这些目的地居住[41]。

通过对现有文献进行梳理发现，国内外生活方式移民相关概念术语均呈现出多样化的状态与趋势，很大程度上是由于不同学科的研究者倾向于从各自角度切入展开讨论。虽然已有部分研究尝试以生活方式移民这一概念统领其他移民类型，但仍未形成具有引领性、系统性的研究成果。

（二）旅游消费移民类型划分

对旅游消费移民类型的划分也因概念内涵的差异而存在不同，目前基本形成了以旅游消费移民为核心的类型体系、以生活方式移民为核心的类型体系以及其他类型，基本上涵盖了当前国内外旅游消费移民中的所有现象。

1. 基于旅游消费移民的类型划分

旅游消费移民的类型是基于旅游移民概念进行的划分。杨钊和陆林[7]在对国外旅游移民相关文献进行深度挖掘的基础上，将旅游移民定义为"由于旅游产业发展需要或出于休闲消费目的而引起外来人员迁入旅游地工作或居住超过一定时间的移民"，在此基础上，他们将旅游移民划分为旅游劳工移民与旅游消费移民两个亚类，并进一步将旅游劳工移民划分为企业主移民和雇员移民两个子类，将旅游消费移民划分为生活方式旅游移民和旅游退休移民两个子类（见图 1-1）。总体来看，这一类型划分方式首次构建了旅游移民的研究体系，提出了旅游消费移民的概念内涵及构成类型，极大地推动了国内学者对旅游消费移民的关注与研究。

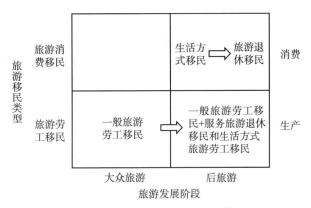

图 1-1　旅游移民分类矩阵[7]

2. 基于生活方式移民的类型划分

以生活方式移民为核心进行类型划分主要见于唐香姐和徐红罡[36]的研究，两位作者根据生产与消费在空间和时间上的结合状态将生活方式移民划分为生活方式企业主移民、退休移民、未退休度假型移民。生活方式企业主移民出现于旅游学科的研究中，这类群体为了追求另一种生活方式而迁移至旅游目的地，企业经营则是为了维持工作与生活的平衡[42]。退休移民是西方学者较为关注的一个领域，目前也取得了比较丰富的研究成果，其概念内涵也较为稳定。未退休度假型移民的核心内涵在于生产与消费的时空分离，包括季节性移民、第二居所移民等类型。

3. 其他类型及划分依据

以旅游消费移民和生活方式移民为核心的类型体系主要基于移民的目的与动机进行划分，除此之外，部分学者也以移民特点、对迁入/迁出地归属倾向、迁移模式、目的地融入程度、目的地选择、移民所处家庭生命周期阶段等为依据进行了类型划分。维尔（Veal）根据移民特点将消费导向旅游移民划分为雅皮士、丁克族、空巢者、朋克摇滚党四种类型[43]；奥莱利（O'Reilly）根据移民对迁入/迁出地归属倾向将其划分为侨民、居民、季节性旅游者、返回移民、旅游者（tourists）五种类型[44]；奥莱利（O'Reilly）在其研究中发现不同移民在迁移模式上存在明显差异，并据此将其划分为永久性移民、返回移民、季节性迁移者、流动式移民四种类型[27]；沃特斯（Walters）根据时空规律和迁移动机将退休移民划分为三类：舒适型移民、协助型移民和救助型移民，其中，舒适型移民的主要动机为追求温暖气候、休闲体验，协助型移民的主要动机为照顾子女、承担家务，救助型移民则主要为因丧偶或残障而需要医护的移民[45]；本森等（Benson et al.）则根据旅游消费导向移民目的地选择差异将其划分为旅游者移民、乡村田园追寻者、中产阶级流浪者移民三种类型[21]，在后续的研究中，作者又根据所处家庭生命周期阶段将这一群体划分为家庭移民、退休移民、中年移民三种类型[46]。

总体来看，国内外对旅游消费移民的类型划分已经形成了较为丰富的研究成果，国内学者近年来也围绕构建更具系统性、科学性的分类体系而进行了系列尝试，为构建完整的旅游消费移民理论体系提供了丰富的依托与支撑。

（三）旅游消费移民特征分析

旅游消费移民主要特征描述的是这一群体在迁出地与迁入地之间的流动所呈现出的时空特征、群体构成所呈现出的个体特征、在迁入目的地之后所呈现出的行为特征。

1. 时空特征

现有对旅游消费移民时空特征的研究主要涉及时间尺度上的停留特征、空间尺度上的移民特征。在时间特征上，杨钊和陆林指出，旅游消费移民必须在旅游地有一定的居留时间，但是并未明确规定停留的时间长短，这一定程度上增加了实证研究的难度[7]；但是，也有部分学者对旅游消费移民在迁入地的停留时间进行了明确界定，谭华云和许春晓将舒适移民的停留时间规定为1~6个月和6个月以上两个时间段[37]，陆思敏等则认为退休移民在迁入地的停留时间必须达到6个月以上[41]。总体来看，长期性是旅游消费移民的重要时间特征，在现有研究中已被广泛关注，这也是旅游消费移民区别于短暂旅游者的核心特征。在空间特征上，现有文献主要集中于对旅游消费移民迁出迁入地、流动模式等领域的关注。马少吟和徐红罡在对大理古城生活方式旅游企业主移民的研究中发现，这类群体主要来自北上广深等经济发达地区[34]；杨慧等[47]、孙九霞和黄凯洁[48]也表达了同样观点，旅游目的地的消费移民与传统城乡人口流动不同，这类移民具有逆向流动的特点，往往是由经济发达区域流入气候舒适的欠发达区域；国际上消费移民方向往往因国家地域面积大小呈现出差异，已有研究发现，日本、欧洲的季节性移民往往跨国流动[49]，而中国[50,51]、澳大利亚[52]、美国[53]的季节性移民更倾向于国内流动；在流动模式上，已有研究借鉴国内流动人口的研究，将其大致划分为流入地定居、循环式流动、向流出地回流三种模式[54,55]。

虽然现有对旅游消费移民时空特征的研究已经形成了一定成果，但是受到移民现象复杂性、概念内涵多样性的影响，对这一群体的移民特征的研究存在难度，研究广度与深度均有待加深。

2. 个体特征

旅游消费移民个体特征研究主要探讨的是这一群体在年龄、收入、教育等领域呈现出的状态。马少吟和徐红罡在其研究中发现，大理古城生活方式旅游企业主移民的构成主体为城市白领和金领[34]；古等（Kou et al.）则发现，三亚的季节性移民大多是受过良好教育、健康、富裕的退休中产阶层[56]，但是不可忽略的是，健康欠佳群体流入旅游目的地的现象也更加普遍[57]；杨慧等从人类学的角度出发，在界定"驻客"概念的基础上认为大部分群体具有高素质、高收入、高学历的特征，这些个体特征也是影响其流入目的地后行为方式的重要原因[47]；陆思敏等发现，珠海市退休移民以年龄偏低、身体状态较好、有较高的经济收入和文化水平的老年人为主[41]。总体而言，旅游消费移民个体特征并未成为已有研究中的重点内容，受制于研究方法、可获得数据的限制，这一领域的研究文献数量整体较少，核心观点尚未形成。

3. 行为特征

相较于时空特征、个体特征，旅游消费移民的行为特征受到学界更加广泛的关注，研究成果也更加丰富，主要围绕商业行为、生活状态、社会交往等领域形成了诸多观点。

学界对旅游消费移民的商业行为特征拥有不同的观点。杨钊和陆林认为，旅游消费移民一般会在旅游地购买房产作为定期或不定期居住场所[7]，但张倩帆[32]、马少吟[33]则认为，生活方式旅游企业主移民的迁移动机是追求更好的生活方式，但是大多数人并未购置第二房产。同时，也有诸多学者认为生活方式旅游企业主移民往往也会通过投资小企业来实现工作与生活的平衡[34,58]；杨慧等通过田野调查也发现了"驻客"在目的地兼有工作、投资的行为特征[47]。在生活状态方面，古斯塔夫森（Gustafson）认为，旅游消费移民在目的地往往通过烹饪、购物、清洁等工作来过着当地人的生活[59]；这类群体通常会集中居住在城市化住宅小区或乡村社区中，生活空间与本地社区相隔离形成"飞地"[4,60]；总体来说，相对于短暂的旅游者而言，旅游消费移民过着一种悠闲、慢节奏的生活，也因此能够发现到目的地的文化真实性[61,62]。在社会交往方面，旅游消费移民在迁入目的地后仍在很大程度上保留着原有的生活圈，在目的地的交往性质比较随意和浅层[59]，其中主要原因在于共同兴趣爱好的缺乏、文化背景的差异、教育水平的不同等，因此这类群体通常只跟一些拥有相似教育背景和经历的当地居民交往[63]；值得注意的是，生活方式旅游企业主移民的日常交往集中于住所—小企业的小范围区域内，形成了基于共同兴趣爱好的移民内部"交往圈子"[34]，这种圈子也具有自发性和同质性、随意性和非功利性、交往空间的开放性与私密性三大特征[64]。通过分析可以发现，已有研究对旅游消费移民行为特征的争议主要在于商业行为中的是否购置第二房产，在生活状态、日常交往方面基本形成了一致的判断与认识。

通过深度梳理旅游消费移民相关文献，可以将其主要特征划分为时空特征、个体特征和行为特征三大维度，由于不同移民类型的概念内涵存在明显的差异，因而其主要特征表现也较为多元。

（四）旅游消费移民形成原因

自旅游消费移民进入国内外旅游研究领域以来，旅游消费移民形成原因一直都是研究者重点关注的部分。现有文献多采用推拉理论来解释旅游消费移民的形成原因，分析迁出地的推力因素和迁入地的拉力因素，推力因素多体现为旅游消费移民的微观动机，拉力因素多体现为迁入目的地的自然、经济条件等宏观背景。

1. 宏观背景

从迁入地维度来分析旅游消费移民形成的拉力因素，自然环境方面的优越条件受到了广泛的关注。正如学者指出，温暖的阳光、宜人的气候、自由的生活方式是吸引旅游消费移民迁入的重要因素[65-67]；卡萨多—迪亚兹（Casado – Díaz）在研究西班牙的国际退休移民迁移原因时也发现，温暖的气候、健康平静的生活节奏是主要影响因素[25]；本森（Benson）[68]、拉德金（Ladkin）[69]的研究也印证了自然环境方面的拉力因素。除了自然方面的原因外，旅游消费移民属于典型的文化及生活方式驱动型移民，因此迁入地独特、丰富的文化背景也是吸引这一群体迁入的因素之一[10]。另外，迁入地的医疗条件也会成为吸引旅游者迁入的重要原因，克伊和麦克纳尼（Kiy and McEnany）在研究墨西哥的美国退休移民时发现，墨西哥全面的、买得起的医疗卫生保健服务是重要的吸引力[70]，这主要是由于经济发展及老龄化现象的加剧引起的[71]。当然，吸引旅游消费移民迁入的旅游地因素往往是多元的，正如马少吟在对大理生活方式旅游企业主移民的研究中发现，优美的自然环境、温暖的气候、慢节奏的生活方式、包容的文化、较完善的配套设施、较低的生活成本是其迁入的主要原因[33]。

除了迁入地的自然条件、文化背景、医疗条件等因素会推动旅游消费移民的形成外，时代发展中所出现的历史和物质条件也是重要的影响因素，主要可以归纳为九大因素，即全球化、大众旅游发展、传播工具影响、时空距离缩短、生活水平提高、劳动市场灵活化、移民链的存在、流动自由度提高、自主意识增强[26]。这些因素共同作用于迁入地和迁出地，助推旅游消费移民的形成。

2. 微观动机

由于旅游消费移民形成的宏观背景因素相对较为稳定，因此目前研究难以继续深入，而微观动机则会因个体背景差异而有所不同，相应的理论研究也更为丰富和多元。对旅游消费移民形成的微观动机的研究可以划分为个人经历、理想追求、家庭背景等维度。

在个人经历方面，诸多学者均认为旅游者的早期旅游经历、"心理地图"对旅游消费移民的形成和移民方向具有重要影响[15,46,72,73]，正如杨钊和陆林在其研究中指出，旅游消费移民主要沿着度假旅游—生活方式移民—退休移民的脉络形成发展，说明旅游消费移民最初有度假旅游的先前经历[7]，陆思敏等通过对珠海的退休移民动机进行研究时也印证了这一观点[41]。在理想追求方面，奥莱利（O'Reilly）认为西班牙的旅游消费移民主要是为了寻求慢节奏的生活方式，追求自我恢复、自我实现、重新认识自我等[26]，斯通等（Stone et al.）也发现逃避大城市生活和工作是生活方式移民的主要动机之一[58]，奥斯巴迪斯顿（Osbaldiston）[74]、米格拉（Miguela）[71]、王和穆萨（Wong and Musa）[75]的研究也得出了类似的结论。对家庭背景的关注主要出现在退休移民的相关研究中，正如沃特斯（Walters）提出协助型移民的概念，认为这一群体迁移的主要动机为照顾子女、承担家务[45]，考斯特罗（Costello）对澳大利亚卡斯尔梅恩（Castlemaine）的退休移民进行研究时发现，这类群体过去的家庭联系会影响其产生迁移行为[76]，马少吟的研究也发现家庭动机会促使消费移民的形成[33]；陆思敏等通过实证研究比较了中国与欧美地区退休移民的动机差异，欧美地区定居型退休移民动机主要为追求舒适，但是在珠海的案例中，定居型退休移民则主要体现为协助型动机，这类群体迁移的目的主要是承担日常家务、照顾子女孙辈，研究也指出中国退休移民的"旅游"成分不突出，与日本退休移民高度类似，重视家庭纽带、迁就子孙辈需求[41]。

总体而言，现有国内外关于旅游消费移民形成原因的研究较为丰富，但是整体上较为分散，尚无文献深入探讨旅游消费移民的形成机理，制约着对旅游消费移民的深化研究。

（五）旅游消费移民效应

旅游消费移民效应研究关注的是这一群体迁入旅游目的地所产生的各

种影响表现，可从积极效应和消极效应两个维度进行划分。

1. 积极效应

在积极效应领域，斯通等（Stone et al.）在其研究中发现外来生活方式旅游企业主移民对迁入地存在明显的积极影响，有利于乡村复苏、促进生产，带动人口消费、地产投资，产生探亲访友游、带动旅游地复兴[58]；乔普（Joppe）认为，生活方式移民的流动对旅游目的地的促进作用体现为带动人才、资本、知识等生产要素的流动[77]；吴等（Wu et al.）通过对三亚的消费导向移民进行研究发现，这类群体的流入能够带动区域房产开发[57]；谭华云和许春晓在对巴马盘阳河流域长寿乡村舒适移民的研究中发现，这类群体在消费优越乡村环境的同时，也期待享受城市生活的品质，因此催生了乡村养生产业、休闲旅游业、多功能农业、康养医疗业、快递物流业等产业的发展，促进乡村产业结构优化升级[37]。虽然旅游消费移民对迁入地经济发展存在明显的积极效应，但是已有诸多研究也证实了消极效应的普遍存在。同时，少量文献指出舒适移民通过亲环境行为、创新创业、社区参与等形式促进了社区发展[20,78]。

2. 消极效应

在消极效应领域，早期文献发现第二居所旅居者的流入在推动经济发展的同时，也会造成目的地额外的公共设施支出，引起房价上涨等负面问题[79]，另有研究也指出舒适移民的流入会导致区域房价上升、带来新的漏洞、产生社会不平等现象[80]，奥斯巴迪斯顿（Osbaldiston）的研究也持有类似观点，认为旅游消费移民的迁入会产生社会不平等、中产阶级化、审美退化等影响[74]；也有学者对退休移民进行研究后发现，这一群体通常会将携带的资本、技能应用于自身利益，因此难以在乡村地区产生经济复兴[81]；考斯特罗（Costello）的研究也发现，生活方式移民迁入会产生明显的负面影响，包括房价上涨、经济用房减少、本地居民被挤出等[76]。霍尔和约翰逊（Hall and Johnson）[82]在研究中指出，生活方式移民在生活空间争夺上会与地方居民出现矛盾；奥莱利（O'Reilly）

认为旅游退休移民在目的地的日常活动较为随意，会影响当地人的正常生活，进而在生活空间上与当地居民相互隔离[61]，吴等（Wu et al.）也发现，退休移民进入三亚地区在居住空间上形成了一处隔离型的城市社会空间[57]；萨拉扎尔和杨（Salazar and Yang）认为，生活方式移民在丽江古城生活会对地方文化产生消极影响，增加纳西族文化"汉化"的风险[50]；另外，也有研究发现消费导向型人口的迁入会助推旅游目的地的生产方式、生活空间呈现景观化特征，使乡村环境发生变化[51,83,84]，使这一群体的迁入成为乡村社会空间变化的新动力[4,38]，进而引起社会文化方面的矛盾冲突。

整体上看，作为人类社会进程的一部分，受自然环境差异、社会经济发展不平衡激发产生的移民，无论是短时形成的"同步效应"，还是随着时间推移产生的"累计效应"，均会作用于流入地，对社会经济发展产生综合影响。就目前旅游消费移民再嵌效应研究成果来看，效应研究集中在单个领域，缺乏对综合效应的探讨与分析。

（六）研究述评

1. 概念体系混乱

由于旅游消费移民动机复杂，行为多样，至今尚未形成统一的概念。对相关研究中纷繁的术语进行梳理，发现目前学者们偏向于使用旅游消费移民或生活方式移民两个概念来统领除旅游劳务移民以外的旅游移民类型。旅游消费移民强调移民的消费性特征与目的，与旅游劳务移民相对应；而生活方式移民则没有明确生产与消费的界限，以迁移动机的生活方式性为依据来描述暂时性旅游到永久性定居的流动谱系上的所有移民活动。以这两个核心概念来统领旅游移民研究体系各有优缺点：旅游消费移民的界定更加清晰，能够相对便利地划分研究对象，以消费行为为切入点的效应研究系统性和逻辑性更强，能够与旅游劳务移民相辅相成，共同构成相对完整的旅游移民体系；而生活方式型移民则更加包容和全面，能够覆盖旅游移民的所有类型，主要关注旅游移民的迁移动机，却难以支撑和促进其他领域旅游移民研究的继续深化。因此，本书采用旅游消费移民概念来描述这种由新的消费实践引起的人口流动现象。

2. 研究方法单一

从研究方法来看，旅游消费移民由于移民目的、构成类型较为复杂，难以在统计维度上将旅游消费移民同旅游者与永久定居移民区分开，因此现有文献在研究方法上较为单一，多以定性的理论分析或定量的问卷调研为主，理论分析多关注旅游消费移民的概念内涵、主要类型，定量分析多关注旅游消费移民的形成原因、影响效应。总体而言，由于旅游消费移民研究方法较为单一，理论分析对概念、类型的探讨深度不够，尚未形成系统性的理论体系，定量分析也多以个案研究为主，动机研究较为丰富，而对影响效应的分析不足，制约着旅游消费移民研究的进一步深化。因此，本书采用定性分析与定量分析相结合的方法，除相关权威统计数据之外，本书还通过文献研究、深度访谈等定性研究方法来探讨这种由新的消费实践引起的人口流动现象。

3. 研究视角传统

从研究的理论视角来看，人口学领域主要借鉴推—拉理论分析移民影响因素，经济学领域主要引入绝对收入消费理论解释移民动机，社会学领域主要从社会融合视角研究移民对目的地社会、文化的影响。从研究的思维形式来看，旅游消费移民研究主要集中于群体特征的分析，缺少对群体与所在社会系统间关系的探讨，因此研究结论客观性强，但普适性较弱，不容易形成共识。而嵌入理论对经济行为与所处社会系统间关系的关注为本书提供了十分有价值的理论借鉴。旅游消费移民从微观个体来看，就是从原有社会系统"脱嵌"，通过旅居行为，"再嵌"进入旅游目的地社会系统的过程；从宏观上分析，旅游消费移民就是两个社会系统，即原住地社会系统与目的地社会系统，在移民群体的主观世界中相互博弈的结果。旅游消费移民在目的地聚集，形成规模，促进了一种全新的人口流动现象的产生，对目的地社会系统不可避免地造成影响。当然，人口成规模地离开或返回原住地时，也会对原住地社会系统造成影响，然而这并不是本书研究的范围，不做讨论。本书所说的"脱嵌"指旅游消费移民空间上的脱离，也指脱离原社会系统；"再嵌"主要是指旅居行为受目的地社会系统的治理，成为能促进地方社会、经济、文化、环境以及管理发展与进步的重要载体。因此，本书以"嵌入—脱嵌"理论为指导，深入研究旅游消费移民流动过程，以及对旅游目的地产生的影响及影响机理，不仅切合了"嵌入—脱嵌"理论最初的应用方向，也可能对推进旅游消费移民与旅游目的地社会系统互利互促发展提供有益借鉴。

三、研究目的与意义

（一）研究目的

一是系统认识旅游消费移民流动理论。从嵌入性视角对旅游消费移民流动进行分析，认识旅游消费移民流动过程。

二是形成旅游消费移民再嵌效应模型。本书关注旅游消费移民的社会现象，通过理论分析构建包括概念内涵、影响机理、效应测度、调控机制四大维度在内的框架体系。

三是构建旅游消费移民再嵌效应测度的研究方法。研究融合五大影响领域与三大作用逻辑构建 SECEM – PSR 模型，基于这一模型形成旅游消费移民再嵌效应的评价指标体系，为实证分析提供依据和支撑。

四是评价研究案例地旅游消费移民再嵌效应风险指数。本书基于评价指标体系构建旅游消费移民再嵌效应风险指数，以此为依据判断研究案例地旅游消费移民再嵌效应风险大小、程度、状态与类型。

（二）研究意义

1. 理论意义

（1）丰富人口理论研究。中国人口正处于结构大调整期（老龄化、城市化、大龄单身化、家庭小规模化）和移民大爆发期，人口学研究对中国社会经济发展的重要性日益凸显。在当前时代背景下，旅游消费移民逐渐成为一种重要的社会经济现象，对其进行研究探讨有利于丰富人口迁移理论研究。

（2）拓宽消费经济研究。2020 年我国居民人均可支配收入 32189 元，全国居民恩格尔系数为 30.2%，国内消费成为中国当前经济增长新的动力和增长点，消费经济研究得到快速发展。在此背景下，对旅游消费移民再嵌效应进行分析可以拓宽消费经济研究的广度和深度。

（3）完善旅游消费移民研究。国内外旅游迁移研究经过多年的发展已经产生了较为丰富的理论成果，其中旅游劳务移民受到了广泛深入的研究。受制于移民群体构成、动机目的、行为特征等方面的复杂性，旅游消费移民研究进展较为缓慢，对旅游消费移民的概念内涵、影响机理、效应测度、调控机制等方面的研究有助于进一步完善旅游消费移民研究。

2. 现实意义

（1）为目的地持续发展提供理论支撑。旅游消费移民在目的地的长期停留会对当地社会、经济、文化、环境、管理等领域产生不同程度、不同性质的潜在影响，识别影响风险、测度影响大小有助于促进旅游消费移民目的地的可持续发展。

（2）为目的地产业升级提供实践指导。旅游消费移民流入目的地会极大促进商贸物流、健康养生、文化创意等旅游相关行业的发展，对旅游消费移民再嵌效应的研究有助于进一步优化目的地产业结构，提高经济增长质量。

（3）为目的地政策制定提供方向参考。旅游消费移民再嵌效应具有双重性质，因此对负面影响的关注有助于降低旅游消费移民产生的压力，并通过构建调控机制为目的地政策制定提供方向参考。

四、 研究思路与方法

（一）研究思路

研究遵循"理论架构—实证分析—调控机制"的逻辑顺序对旅游消费移民再嵌效应展开探讨。第一，通过对国内外旅游消费移民、生活方式移民相关文献进行梳理，对当前研究进展和现状形成基本判断；在此基础上通过借鉴人口学、消费学、社会学等领域相关理论构建旅游消费移民概念体系、影响机理，形成理论上的架构体系。第二，将生态学、环境学领域的 PSR 模型应用于旅游消费移民再嵌效应分析中，构建 SECEM – PSR 概念模型，并基于此模型建立评价指标体系，运用层次分析法、障碍模型、综合指数法计算旅游消费移民再嵌效应风险指数，进而以景洪市作为案例地开展实证分析。第三，基于理论基础、实证结果构建旅游消费移民再嵌效应风险调控机制，为目的地实现可持续发展提供政策性建议。

（二）研究方法

1. 文献分析法

静态概念界定主要使用文献分析法展开，形成能够支撑研究开展的文献资料库。旅游消费移民属于跨人口学、消费学、旅游学等多个学科的研究范畴，因此在理论分析阶段应当广泛地通过各个渠道收集与研究相关的文献资料，为旅游消费移民内涵解析、类型划分、特征归纳、分布探讨、成因分析提供充足的理论依据。

2. 逻辑演绎法

动态影响机理分析主要使用逻辑演绎法展开，形成旅游消费移民再嵌效应目的地的理论逻辑。旅游消费移民产生影响的过程涉及"发生、传导、作用"三个层次，因此研究使用逻辑演绎法分析旅游消费移民的形成机理、传导机理与作用机理，为实证分析提供理论支撑。

3. 案例研究法

实证分析主要使用案例研究法展开，实现理论探讨与实证分析的有机统一。研究使用云南省景洪市作为研究案例地，并运用指标体系法、综合指数法、障碍度模型等方法系统测度景洪市旅游消费移民对社会、经济、文化、环境、管理五大领域的影响风险大小、领域差异、障碍构成。

五、研究内容与框架

（一）研究内容

本书聚焦"旅游消费移民"影响这一核心问题，从背景分析、理论构建、实证分析、调控机制四个领域切入展开，具体包括七章，主要内容如下。

第一章：绪论。作为研究开展的理论基础，本章主要阐述旅游消费移民再嵌效应研究的背景、现状、意义、思路、内容等，旨在分析研究开展的重要性、必要性、方向性，为后续研究提供路线支撑。

第二章：相关基础理论。本章主要阐述旅游消费移民研究所依托的学科领域的核心理论：人口学中雷文斯坦（Ravenstein）的人口迁移理论、埃弗雷特·李（Everett S. Lee）的迁移理论、"推—拉"理论；发展经济学中刘易斯二元经济结构理论、费景汉—拉尼斯理论、托达罗理论；消费经济学中绝对收入消费理论、预防性储蓄理论、炫耀性消费理论；社会学中社会嵌入性理论、社会融合理论、相对剥夺理论；旅游学中旅游系统理论和旅游地生命周期理论。本章分析了它们对本书研究的启示。在对相关概念进行梳理、比较分析的基础上，本章提出了旅游消费移民的概念，并对旅游消费移民基本类型、主要特征、分布规律进行了总结概括，为后续动态分析与实证探讨提供概念依托。

第三章：旅游消费移民流动模型构建。本章主要阐述旅游消费移民流动过程，脱嵌的发生原理、影响因素、主要模式，解析了旅游消费移民脱嵌形成的机制，旅游消费移民再嵌的作用因素、影响传导路径以及影响的表现，从理论角度明确旅游导向消费移民再嵌的动态作用机制。

第四章：旅游消费移民再嵌效应模型。本章主要阐述影响测度的基本思路、影响解析与体系构建，通过构建 SECEM - PSR 模型，解析影响作用领域、具体维度，最终构建影响评价指标体系，是实证分析的方法依托。

第五章：旅游消费移民再嵌效应测度。本章主要阐述案例地选择、评价方法与结论分析，以景洪市作为案例地测度旅游消费移民对五大领域、三大维度的影响效应，进而根据评价结果对影响风险进行系统解析。

第六章：旅游消费移民再嵌效应调控。本章主要阐述调控思路、调控措施、政策建议，以相关学科主要理论、景洪市影响效应测度结果为依据构建具有系统性、前瞻性、科学性的调控机制。

第七章：结论与展望。本章主要阐述研究结论、创新之处与研究展望，通过提炼研究核心观点以明确理论贡献，反思研究的缺点和不足，以确定未来深化方向。

（二）研究框架

围绕旅游消费移民这一主体，本书按照以下框架展开工作：首先，梳理旅游消费移民相关文献和所涉及的基础理论，提炼总结旅游消费移民基本内涵、分布特征和流动过程；其次，结合实地调研，提出旅游消费移民脱嵌成因假设以及旅游消费移民再嵌成因假设，并进行实证检验；再次，根据前期文献研究、深度访谈结果，演绎推测旅游消费移民再嵌效应模型，分析效应成因、效应传导和效应表现；最后，进行旅游消费移民再嵌效应实证检验，根据实证检验结果提出再嵌效应调控策略。

本书的研究框架如图 1 - 2 所示。

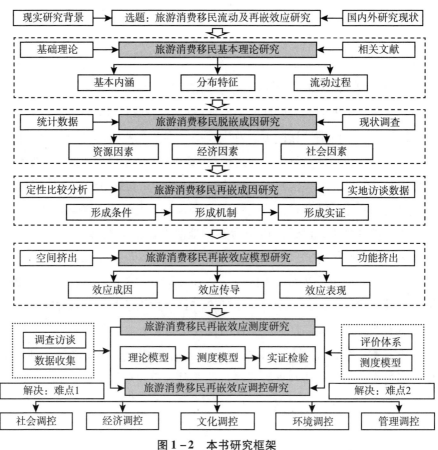

图 1 - 2　本书研究框架

第二章

相关基础理论

本章是对旅游消费移民相关理论的梳理和归纳。首先，梳理了移民相关理论，包括人口迁移理论、"推—拉"理论等；其次，梳理了消费相关理论，包括绝对收入消费理论、预防性储蓄理论、炫耀性消费理论；再次，梳理了嵌入相关理论，包括嵌入性理论、社会融合理论和相对剥夺理论；最后，梳理了旅游相关理论，包括旅游系统理论和旅游地生命周期理论。

一、移民相关理论

移民相关理论是与移民流动研究相关的基础理论，包括人口迁移理论、"推—拉"理论等。

（一）人口迁移理论

1. 雷文斯坦的人口迁移理论

人口迁移理论是 19 世纪 80 年代由英国人口学家雷文斯坦（E. G. Ravenstein）在题为《人口迁移律》的论文中最先提出的。该理论提出了"人口迁移七律"，具体为：（1）性别规律，女性迁移倾向大于男性；

（2）年龄规律，青年人迁移倾向大于其他年龄段群体；（3）距离规律，人们更倾向于短距离迁移；（4）递进规律，大城市、中小城镇、乡村之间形成"乡村—中小城镇—大城市"的递进迁移倾向；（5）双向规律，主迁移与逆迁移同时存在；（6）城乡规律，城镇迁移倾向低于农村；（7）经济规律，经济因素是迁移的主要因素。该理论是当时社会经济条件下对人口迁移的理论解释框架，但随着时间的推移及社会和经济的发展，该理论的时代局限性逐渐显现。

该理论从七个方面对人口迁移现象进行了解释，为解释旅游消费移民再嵌效应提供了一定的理论启示。人口迁移现象与性别、年龄、距离、经济等方面存在一定联系，又会显现递进、双向、城乡等方面的规律。对于旅游消费移民，雷文斯坦的人口迁移理论仍具有一定的启示意义。

2. 埃弗雷特·李的迁移理论

1966 年，埃弗雷特·李（Everett S. Lee）以《人口迁移理论》（*A Theory of Migration*）为题发表了一篇论文，对人口迁移理论进行了进一步发展，并从迁移因素、迁移数量、迁移流向和迁移者特征四个方面对人口迁移理论进行了总结，提出了迁移形成的四个因素：一是迁入地因素；二是迁出地因素；三是障碍性因素；四是个人因素[85]。其中，迁入地和迁出地因素被划分为吸引力因素和排斥力因素，分别被记为"＋"和"－"[85]。对于迁出行为来说，个人因素作用很大，不同人对同一作用的评价会存在很大区别。对于某一个潜在的人口迁移对象来说，迁移发生的条件是：（迁出地的负影响＋预期迁入地的正影响）－（迁出地的正影响＋预期迁入地的负影响）＞中间阻碍因素形成的合力。

埃弗雷特·李的迁移理论是对原有迁移理论的系统性归纳，对解释旅游消费移民的形成具有重要的启示。旅游消费移民也是多种因素共同作用的结果，其发展不仅受迁出地因素和旅游目的地因素影响，也受个人因素和阻碍性因素影响。而且由于自愿性迁移的属性，个人因素会对旅游消费移民的产生起决定性作用。

（二）"推—拉"理论

"推—拉"理论是 20 世纪 50 年代末由美国学者博格（D. J. Bogue）提出的用于解释劳动力转移的理论。该理论的主要观点为：人口迁移是由促进迁移的力和阻碍迁移的力共同促成。在人口迁出地，存在如自然资源枯竭、成本增加、劳动力过剩等方面的推力，也存在如家庭团聚、熟悉环境等方面的拉力；在人口迁入地，存在就业机会较多、工资收入较高、设施完善等方面的拉力，也存在家庭分离、陌生环境、激烈竞争等方面的推力。但该理论存在一定缺陷，不能解释相似因素之下个体迁移意向不同的问题。为弥补缺陷，1966 年李（E. S. Lee）将中间障碍和个人因素引入分析框架，形成四种迁移因素，即迁出地因素、迁入地因素、障碍因素和个人因素[85]。李完善了人口迁移的解释框架体系，使人们对迁出地和迁入地的拉力和推力有了更深入的认识。

该理论从推力和拉力两个方面对人口迁移的影响因素进行解释，对解释旅游消费移民再嵌效应机理提供了启示。人口迁移的过程包含推力和拉力两个主要因素，这是促成人口迁移发生的重要因素，也包含阻碍因素和个人因素等个性化因素，形成了解释人口迁移的理论框架。对于旅游消费移民来说，推力和拉力两个主要因素和阻碍因素、个人因素是解释成因的重要方面，对研究影响机理提供了重要的理论支撑。

二、发展经济学理论

发展经济学理论是在研究经济增长的基础上，将经济发展与经济增长进行区分，聚焦于国家经济与社会、制度及文化现代化演进过程的理论，主要包括二元经济结构理论、费景汉—拉尼斯理论、托达罗理论。

（一）刘易斯二元经济结构理论

英国经济学家刘易斯（Authur Lewis）于 1954 年提出了发展经济学中的第一个人口迁移理论——二元经济结构理论，这也是区域经济学的基础理论之一。二元经济结构理论认为发展中国家普遍并存着两种主要的经济生产部门：以传统生产方式为主的农业部门和以制造业为主的现代工业部门。由于农业部门生产效率低、收入低，发展初期，存在大量边际生产率为零的剩余劳动力；而工业部门生产效率高、收入高，剩余劳动力会不断从农业部门流向工业部门，从农村迁移进入城市。随着农业中剩余劳动力向工业部门的转移，二元经济结构会逐渐消失[86]。

二元经济结构理论为理解早期人口流动提供了理论依据，引发了对旅游消费移民迁移动机的思考与比较。

（二）费景汉—拉尼斯理论

美国经济学家费景汉（John C. H. Fei）和拉尼斯（Gustav Rains）于 1961 年提出了费景汉—拉尼斯理论。这个理论是对刘易斯二元经济结构理论的补充和发展，弥补了二元经济结构理论的不足，即未关注农业生产效率的提高是促进农业部门劳动力向现代工业部门转移的重要原因，同时将农业劳动力流动过程划分为三个阶段，提出了"费景汉—拉尼斯拐点"。费景汉—拉尼斯理论指出，发展中国家在工业化过程中，如果不重视农业生产，任由农业资源向工业不断转移，就会出现农业资源匮乏、农产品供给短缺、粮食问题凸显等问题[87]。费景汉—拉尼斯理论对人口乡—城迁移的动机、过程和结果进行了深入分析，对二元经济结构的演进进行了动态剖析。

该理论为系统研究人口流动提供了理论范式，拓宽了对以城—乡迁移为主要形式的消费导向人口迁移效应的分析。

（三）托达罗理论

美国经济学家托达罗（Michael P. Todaro）于 1969 年在许多发展中国家失业问题日趋严重的背景下提出了"预期收入理论"。托达罗指出，人口乡—城迁移的动机是农村人口对城乡收入差异的预期，而不是对实际收入差异做出的反应，因此，预期收入是由实际收入与城市就业概率决定的[88]。引入就业概率的托达罗模型是对传统人口流动理论中乡—城迁移人口能够充分就业假设的重大修正。

托达罗预期收入理论拓展了消费导向人口迁移动机的研究，作为理性人的消费者，在做出迁移决策的过程中，"预期收入"除了劳动所获收入以外，是否会包含其他类型的"收入"，如地区发展差异造成的生活成本差异带来的收入预期或财产效用预期，抑或因环境改善引发的对健康增强、疾病减少的花费减少的预期。

三、消费相关理论

消费相关理论研究最早由凯恩斯（John Maynard Keynes）于 20 世纪初提出，核心是储蓄和消费取决于可支配收入[89]，主要包括绝对收入消费理论、预防性储蓄理论和炫耀性消费理论等。

（一）绝对收入消费理论

绝对收入消费理论是研究收入和消费关系的经典理论，是在 20 世纪 30 年代由凯恩斯提出的[90]。该理论在 1936 年出版的《就业、利益和货币通论》一书中具体呈现为消费函数理论。该理论的主要观点包括：第一，消费是当期收入的函数，收入的高低决定了消费支出的多少；第二，消费和支出成正比，消费支出会随着收入增加而增加；第三，消费支出的增加幅度低于收入的增加幅度；第四，边际消费倾向低于平均消费倾向。针对这些情况，凯恩斯提出了宏观调控居民消费的对策。当经济繁荣时，应采取紧缩性政策抑制消费；当经济衰退时，应采取扩张性政策来鼓励消费。杜森贝里（James Duesenberry）对该理论进行了改进，提出了相对收入假说[91]，即人的消费行为不仅取决于收入，也取决于消费习惯、消费观念、周围人的消费行为等。

绝对收入消费理论为理解旅游消费移民提供了途径。旅游消费移民的主要目的为消费，而其消费必然依托于其收入。相对于迁出地来说，迁入地通常具有较好的生活环境、相对较低的生活水平，满足了旅游消费移民的要求。但同时，根据绝对收入消费理论，旅游消费移民的消费必然依托于其收入的多少，其迁入时间和迁入活动均受到收入的影响。

（二）预防性储蓄理论

预防性储蓄理论是由里兰德（Hayne Leland）于 1968 年提出，将不确定概念引入消费研究中，可以用来研究跨期优化选择行为。该理论认为，为了预防未来可能存在的不确定性，避免可能存在的消费水平下降，消费者将会开展额外的储蓄。该理论的主要观点包括：第一，人们的储蓄意愿与未来收入下降的幅度成正比；第二，同确定性情况相比，人们在不确定性的情况下将会增加储蓄。在此框架下，卡贝里罗（Ricardo Caballero）对预防性储蓄理论进一步修正得出，随着绝对风险规避系数变大和未来收入变化的风险增加，人们的储蓄意愿将会增强，储蓄的金额也会增加。尤其对于中国来说，预防性储蓄理论很好地说明了收入增加而消费不增加的现象，为认识中国老龄群体的消费行为提供了更为准确的理论依据。

预防性储蓄理论为解释旅游消费移民的消费行为提供了路径。旅游消费移民更多为没有生活压力的老龄群体，有一定储蓄，其消费行为与年轻人的消费行为存在一定差异，但同时对未来预期的认识会影响其消费。根据该理论，老龄群体自身身体状况、家庭情况、养老金情况以及储蓄情况等均会影响其对未来风险的预期，进而对其消费产生影响。

（三）炫耀性消费理论

炫耀性消费理论是由凡勃伦（Thorstein B. Veblen）于 1899 年在《有闲阶级论》一书中提出的，聚焦于消费与社会阶层的关系。该理论指出，为了区别于财富水平较低的社会阶层，拥有较高财富水平的社会阶层往往会进行炫耀性消费，以显示出该阶层的经济财富和社会地位。该理论的主要观点包括：第一，消费是一种区分阶级的手段，不同社会阶级会有不同的消费模式；第二，消费与职业、阶层、群体等密切相关；第三，拥有财富水平较低的阶层为了成为较高阶层，会模仿高阶层的消费。该理论展示了在多样性的消费选择基础上，消费成为人们身份建构的结果。韩和努恩斯等（Han and Nunes et al.，2010）对不同群体的炫耀性行为进行研究，发现不同社会阶层的群体均会进行炫耀性消费，但采取的方式并不相同[91]。那些具有较高社会地位的群体常常选择具有品牌显著性的奢侈品进行消费，以识别内部群体，并防止其他群体模仿，以实现炫耀性消费；那些具有较低社会地位的群体常常会购买价格便宜的仿制品，以实现炫耀性消费。

炫耀性消费理论为理解旅游消费移民的再嵌效应提供了路径。旅游消费移民作为一个群体，为凸显与本地居民的不同，通常会选择较高的消费，并会选择一些时尚元素的消费。本地居民为了凸显自身的不同，通常会选取一些具有本地特色的消费，以显示出本地特色。同时，在旅游消费移民再嵌效应下，部分本地居民会选择模仿，以实现炫耀性消费。

四、嵌入相关理论

嵌入相关理论包括社会嵌入性理论、社会融合理论和相对剥夺理论等。

（一）社会嵌入性理论

嵌入性（embeddedness）是新经济社会学研究中出现的一个核心概念，最初由波兰尼（Karl Polanyi）在 1944 年出版的《大转型》（*The Great Transformation*）中提出[92]。波兰尼指出，人类的经济行为并不是完全具有理性，而是嵌入社会关系之中，是人类社会化的过程[93]。后在 1985 年格兰诺维特（Mark Granovetter）的研究推动下，嵌入性研究得到重新激活，已经突破了原有的新经济社会学领域，成为整个社会学中分析经济现象的有效工具，在多个学科得到广泛应用[94]。格兰诺维特认为该理论最重要的观点就是个体的经济行为是适度嵌入于社会结构之中，受社会网络的影响，而人与人之间的信任就是嵌入社会网络的机制。在该理论发展过程中，学者们主要从嵌入主体、嵌入对象、嵌入行为、嵌入效果 4 个方面进行探索，并对嵌入性的维度进行了划分，包括[95]：第一，嵌入性本质上是组织的经济行为与社会体系间的复杂关系；第二，嵌入性包括双边联系、多边联系以及网络联系；第三，嵌入性从宏观、中观和微观三个层次可划分为环境嵌入性、组织间嵌入性和双边嵌入性；第四，从网络联系视角来看，可划分为结构嵌入性和关系嵌入性两类。之后，部分学者在研究非物质文化遗产的嵌入式发展时提出了消费脱嵌和生产再嵌的过程[96]。

社会嵌入性理论为认识旅游消费移民动因及再嵌效应提供了路径。一方面，嵌入性理论解释了旅游消费移民的流动，旅游消费移民实质上包含脱嵌和再嵌的过程，即从迁出地的脱嵌过程和进入迁入地的再嵌过程；另一方面，旅游消费移民再嵌效应也需要划分维度，通过人口结构、规模、行为等多维度的作用下形成了对旅游地的影响，故需要从社会、经济、文化、环境等多维度进行分析。

（二）社会融合理论

社会融合理论是 20 世纪 70 年代由帕克（Robert Park）等人最早提出，

最初关注的为社会融入，后衍生出社会融合相关理论[97]。该理论主要观点为人口迁移是相互渗透和融合的过程，各个群体最终会融汇到共同文化之中[98]。经过长期发展，该理论形成了"同化论"和"多元文化论"两种取向[99]：同化论认为人口迁移进入迁入地之后会经历定居、适应和同化三个阶段；多元文化论认为，当迁入地呈现出包容性时，移民会倾向于维持原有文化价值，在迁出地重新建立身份认同和价值观念。后随着移民的不断发展，原有社会融合理论呈现出一定的不足，形成了区隔融合论，即不同类型的移民群体具有不同的融合选择[100]。

该理论从社会融合角度对人口迁移的影响进行了解释，对旅游消费移民的社会和文化影响提供了理论启示。人口迁移对迁入地的影响与迁入地的类型密切相关，与迁入群体也有一定的关系，由此导致的结果是融合效果呈现一定差别，表现出社会分化、社会同化、社会多元的状态。旅游消费移民再嵌效应与移民和迁出地密切相关，对目的地的社会影响和文化影响也会呈现出一定的差别性。

（三）相对剥夺理论

相对剥夺理论最早由斯托弗（Samuel A. Stouffer）提出，后由斯塔克（Oded Stark）于1984年用来解释劳动力迁移[101]。该理论认为，相对剥夺感是导致劳动力迁移的一个影响因素，其核心观点包括：第一，最穷的地方迁移率并不是最高的；第二，收入分配的不平衡程度越高，迁移率越高；第三，在收入不平衡的地方，非常穷的人迁移倾向最高。该理论认为，在初始阶段，劳动力迁移的参考系是移出地，即与共同生活在一起的群体比较；后期为目的地，即与移民聚集地的人作为参考群体[102]。同时，该理论提出了两种减少剥夺感的途径：一是减少与外部群体的接触，只与自己原来聚集地的人交往，而这些人之间的收入是类似的；二是将这种剥夺感转化为激进的政治行为。

相对剥夺理论是对收入差异理论的挑战，对解释旅游消费移民提供了社会层面的思考路径。旅游消费移民也不全是由于收入差异造成的，其中也应该包含迁出地带给他们的相对剥夺感，尤其对于很多来自城市的旅游者来说，这种相对剥夺感有上升的趋势，因而促使他们从大城市来到中小城市或者景区周边。

五、旅游相关理论

（一）旅游系统理论

旅游系统（tourism system）理论是系统学理论在旅游领域的运用，是各类旅游现象的集合体，通过旅游者将各个组成要素构成一个有机整体[103]。旅游系统可界定为旅游要素在一定区域相互作用而形成的具有特定结构和功能的活动系统，旅游要素包含旅游者、旅游地、旅游业[104]。20世纪70年代以来，国内外已形成三种较为经典的旅游系统模型。1972年，冈恩（Clare A. Gunn）提出了旅游功能系统模型，包括需求和由交通、信息、促销、吸引物、服务等构成的供给两个要素[105]；1979年，澳大利亚学者雷珀（Neil Leiper）建立了旅游地理系统模型，包含客源地、目的地、旅游通道、旅游者、旅游业五个要素[106]；麦克切尔（Bob McKercher）提出了复杂系统[107]；1998年，吴必虎提出"四系统"模型[108]。伴随着旅游实践的发展，边境旅游对旅游系统理论也进行了拓展，边境旅游系统包括目的地系统、客源地系统、边界系统三个子系统[109]。

旅游系统理论为旅游消费移民研究提供了指导。根据旅游系统理论，旅游系统具有明显的整体性、开放性、动态性特征。对于旅游者来说，旅游消费移民能够减少沟通障碍，扩大活动空间；对于旅游地来说，旅游消费移民可以提升当地的吸引力，助推旅游地发展；对于旅游业来说，旅游消费移民能够提供更多的消费业务，推动旅游业发展。

（二）旅游地生命周期理论

旅游地生命周期理论最早由克里斯塔勒（Walter Christaller）于1963年提出，后由巴特勒（Richard Butler）进行系统阐述[110]。该理论认为，旅游地如同产品一样，也在经历一个"从出生到死亡"的过程，只是这里的产品销量变成了旅游者的数量。根据该理论，旅游地演化要经历探索、参与、发展、巩固、停滞、衰落或复苏六个阶段。其中，在探索阶段，旅游地自然和社会经济环境变化不大，游客数量有限，分布零散；在参与阶段，简易旅游设施开始出现，旅游者增多；在发展阶段，旅游市场开始显现，旅游投资增多，旅游者人数持续上涨；在巩固阶段，旅游地经济发展与旅游业密切相关，游客继续增多，但增长率下降；在停滞阶段，旅游环境容量达到最大值，导致许多经济、社会和环境问题，游客数量达到最大值；在衰退或复苏时期，一方面，游客被新的目的地吸引，旅游市场开始出现萎缩迹象，游客数量下降；另一方面，旅游地也可能通过开发新的旅游资源，增强旅游地吸引力而进入复苏时期。旅游地生命周期理论揭示了旅游地会经历一个由盛转衰的过程，为研究旅游地发展历程提供了一种可供采用的模式。

旅游地生命周期理论是从产品角度对旅游地发展进行的解释，对旅游消费移民发展同样具有一定的指导意义。旅游消费移民伴随着旅游的发展而产生，会随着旅游地的衰落而消失。通过对旅游地生命周期理论的分析，可对旅游消费移民演化进行分析，从而对旅游消费移民有准确的认识。

六、旅游消费移民基本内涵

在对文献和理论进行梳理与回顾的基础上，本书对旅游消费移民的基本内涵进行了界定，包括概念界定、类型划分和主要特征，并对旅游消费移民的分布进行了总结。

（一）概念界定

为准确把握旅游消费移民概念，按照"移民—旅游消费移民"的思路对其进行概念界定。

1. 相关概念梳理

（1）移民

所谓移民，即人口迁移流动，是指人口居住位置跨越界限发生空间移动，包含人口迁移和人口流动[111]。与人口的出生和死亡不同，移民难以有统一的定义。从概念界定来看，国际研究中通用"迁移"（migrate）概念，迁移的主体为"移民"（migration），流动性（mobility）是其共同特性。国际人口科学联盟将人口迁移定义为人口在两个地区单位之间进行的地区移动或空间移动形式，包含从原住地迁到目的地的永久性变动[112]。由此可知，国外人口流动的概念主要涉及地理边界和离开原住地时间长短，与"户籍"没有关系[113]。

而"人口流动"及其主体"流动人口"更多地存在于中国语境之中[112]，是中国特有的，是户籍制度的产物。一般来说，人口迁移是指发生在国内不同区域之间的户口登记常住地发生改变的人口移动[114]；人口流动是指超过一定时间长度、跨越一定空间范围、没有发生户籍变动并在一定时间内往返于居住地的人口移动过程[115]。但对于人口流动，国内不同政府部门的统计口径并不相同。根据《2015 年全国 1% 人口抽样调查资料》，国家统计局将流动人口定义为离开户口登记所在乡镇街道半年及以上的人口；根据《2015 年中国流动人口常用数据手册》，国家卫健委在流动人口动态监测调查中将流动人口定义为"在流入地居住一个月以上，非本县（市、区）户口的人口"。

本书对移民的界定是依据我国流动人口动态监测数据中对于流动人口的界定，即移民指空间上为跨越县（市、区）、时间上为一个月及以上的人口常住地改变，包含户籍发生变化的永久性变动。

（2）旅游消费移民

旅游业的发展长期以来一直与特定形式的移民相互依存。除了旅游业本身构成一种持续时间不同的人口流动以外，旅游业的发展还推动产生了两种不同形式的移民：旅游劳务移民和旅游消费移民。与旅游业发展引起的劳务移民相比，旅游消费移民因动机、活动类型和停留时间均相对模糊，更加难以被准确定义。威廉姆斯和霍尔（Williams and Hall，2000）最先在《旅游和移民——消费与生产之间的新关系》[9]一书中提出了消费导向移民（consumption-led migration）的概念，随后被众多学者采用，虽均并未对其进行明确定义，且未形成完整的理论体系，但对消费导向移民的两个核心特征形成了共识，即迁移流动性和旅游消费主导性。世界旅游组织1991年提出了旅游活动的定义：人们由于休闲、事务和其他目的而到惯常环境之外的地方旅行，其连续时间不超过一年的活动①。该定义包含了出游目的、旅行距离、逗留时间三个要素，因具有开展数据收集和研究所不可或缺的技术性，1993年被联合国统计委员会采纳。参照旅游活动的定义，为加强旅游消费移民后续研究的可行性，尽量避免其在时间和空间上的不确定性，同时结合我国具体国情，本书对旅游消费移民进行技术性定义：因旅游消费而跨越县级行政区域1个月及以上的群体。

2. 概念内涵界定

理解旅游消费移民定义，需要从以下三个方面对其主体即旅游消费移民进行界定：

首先，从时间上来看，本书所指的旅游消费移民必须离开流出地，在旅游目的地的居住时间达到1个月或超过1个月。换言之，1个月及以上的居住时间是区分旅游消费移民和非旅游消费移民的时间指标。

其次，从空间上来看，本书所指的旅游消费移民必须是流出地和旅游目的地不在同一个县（市、区）级行政区域，即排除在同县（市、区）级

---

① United Nations Department for Economic and Social Information and Policy Analysis Statistical Division and World Tourism Organization. Recommendations on Tourism Statistics［M］. New York：United Nations，1994：3，5.

行政单位内进行流动的人口，包含跨越国家、跨越省区、跨越县（市、区）的人口。

最后，从行为上来看，本书所指的旅游消费移民必须是以消费为目的，即排除在目的地既工作又生活的群体，仅包含在目的地从事消费活动的人口。

（二）类型划分

根据前人经验以及对旅游消费移民内涵的理解，可依据空间范围、移民动机、停留时间、流动规模、流动周期、消费层次对旅游消费移民进行划分，具体类型划分如表 2 - 1 所示。

表 2 - 1　　　　　　　　旅游消费移民类型划分

分类依据	主要类型
空间范围	国际旅游消费移民
	国内旅游消费移民
移民动机	避暑型旅游消费移民
	避寒型旅游消费移民
	生活型旅游消费移民
停留时间	短期型旅游消费移民
	长期型旅游消费移民
流动规模	个体型旅游消费移民
	家庭型旅游消费移民
	群体型旅游消费移民
流动周期	定期型旅游消费移民
	非定期旅游消费移民
消费层次	高端旅游消费移民
	中端旅游消费移民
	大众旅游消费移民

1. 根据空间范围划分

根据空间范围进行划分，可以将旅游消费移民划分为国际旅游消费移民和国内旅游消费移民。

（1）国际旅游消费移民

国际旅游消费移民是指跨越国家或地区范围的旅游消费移民。这类现象通常发生在国际旅游目的地，并且人口多来自欧美、日本等发达地区。旅游目的地拥有良好的自然环境和人文环境，具有国际吸引力，国外旅游者选择来这里游玩并定居，作为自己的第二居所或者主要的生活地。

（2）国内旅游消费移民

国内旅游消费移民是指发生在一国范围内的旅游消费移民。这类现象通常发生在知名旅游目的地，人口来源相对较为广泛。由于旅游目的地相对于国内其他地区具有不可比拟的自然或人文优势，国内其他地方的旅游者选择来这里休闲度假并定居，作为自己的短期或长久居住地。按照行政区域范围还可以将国内旅游消费移民进一步划分为省际旅游消费移民、省内旅游消费移民。

2. 根据移民动机划分

根据移民动机进行划分，可以将旅游消费移民划分为避暑型旅游消费移民、避寒型旅游消费移民和生活型旅游消费移民。

（1）避暑型旅游消费移民

避暑型旅游消费移民是指由于喜欢旅游目的地的避暑气候而发生的旅游消费移民。这类现象通常发生在夏季特别炎热的地区，比如有火炉之称的重庆、长沙等地，那里的居民会前往气候相对凉爽的地区。夏季气候的差异使某些地区成为避暑旅游地，如春城昆明、承德等。

（2）避寒型旅游消费移民

避寒型旅游消费移民是指由于喜欢旅游目的地的避寒气候而发生的旅游消费移民。这类现象通常发生在冬季特别寒冷的地区，如以东北为代表的北方地区以及生活在高寒地区的人们，会前往冬季相对温暖的地区。冬季气候的差异使某些地区成为避寒旅游地，如三亚、西双版纳等。

（3）生活型旅游消费移民

生活型旅游消费移民是指由于喜欢旅游目的地的生活氛围而发生的旅游消费移民。移民通常来自经济相对发达的地区，人们出于对日常生活的厌倦以及对新生活的期待，会前往一些文化氛围相对浓厚的地区。生活氛围的差异使某些地区成为生活旅游目的地，如巴马、大理、丽江等。

3. 根据停留时间划分

根据停留时间进行划分，可以将旅游消费移民划分为短期型旅游消费移民和长期型旅游消费移民。

（1）短期型旅游消费移民

短期型旅游消费移民是指在旅游目的地居留生活时间超过 1 个月而小于 1 年的旅游消费移民。这类现象通常发生在一年中的某个时间段，由于发生时间较短，对迁出地的依恋较强，对旅游目的地的依恋相对较弱，不会发生户口的变动。

（2）长期型旅游消费移民

长期型旅游消费移民是指在旅游目的地居留生活时间超过 1 年的旅游消费移民。这类现象的发生跨越年度的限制，由于发生时间较长，对迁出地的依恋降低，对旅游目的地的依恋增强，通常会在旅游目的地定居，甚至发生户口的变动。

4. 根据流动规模划分

根据流动规模进行划分，可以将旅游消费移民划分为个体型旅游消费移民、家庭型旅游消费移民和社区型旅游消费移民。

（1）个体型旅游消费移民

个体型旅游消费移民是指以个体为单位前往某一旅游目的地的旅游消费移民。这类现象通常是发生在自我意识相对较强的个体身上，是由于个体对现实生活的反抗，更源于自我对旅游目的地的认同，从而引发个体对旅游目的地的仰慕和前往，如大理古城的国外消费者。

（2）家庭型旅游消费移民

家庭型旅游消费移民是指以家庭为单位前往某一旅游目的地的旅游消费移民。这类现象通常发生在家庭观念相对较强的地区，是由于家庭对社会环境的认知，从而引发家庭脱离原有社会环境前往旅游目的地，如三亚的东北家庭。

（3）群体型旅游消费移民

群体型旅游消费移民是指以群体为单位前往某一旅游目的地的旅游消费移民。这类现象通常发生在相同年龄层次、生活背景、消费习惯与收入水平类似的群体中。如重庆老年人群体相约前往云南、贵州避暑。

5. 根据流动周期划分

根据流动周期进行划分，可以将旅游消费移民划分为定期型旅游消费移民和非定期型旅游消费移民。

（1）定期型旅游消费移民

定期型旅游消费移民是指按照固定期限发生的旅游消费移民。这类现象通常发生时间相对固定，为季节性发生或某一特定时间发生。由于发生时间相对固定，这类移民会给旅游目的地带来一定的经济效益，并因可预判性较强而便于进行管理。

（2）非定期型旅游消费移民

非定期型旅游消费移民是指没有按照固定期限发生的旅游消费移民。这类现象通常发生时间相对不固定，没有固定的规律可循。由于发生时间相对随机，这类移民增加了旅游目的地的发展的复杂性，并因不可预判性而不便于进行管理。

6. 根据消费层次划分

根据消费层次进行划分，可以将旅游消费移民划分为高端旅游消费移民、中端旅游消费移民和大众旅游消费移民。

（1）高端旅游消费移民

高端旅游消费移民是指消费能力较高的旅游消费移民。这类移民通常会进行高档消费，如入住高级饭店、购买高档住宅、雇用私人管家等，在推动目的地旅游产业升级的同时，也会因"炫耀性消费"引发社会文化加速变迁与社会冲突凸显等问题。

（2）中端旅游消费移民

中端旅游消费移民是指消费能力中等的旅游消费移民。这类移民通常会选择购买本地住房，推动旅游目的地房地产的发展。由于旅居产业的发展，对旅游目的地配套需求不断上升。

（3）大众旅游消费移民

大众旅游消费移民是指消费能力较低的旅游消费移民。这类移民通常选择租住本地住房，会带动旅游目的地住宿业的发展，而住宿业的发展会带动其他产业的发展。

（三）主要特征

根据对旅游消费移民的观察可知，旅游消费移民具有三个主要特征，即重视体验性、路径旅居性、动机复杂性。

1. 重视体验性

旅游消费移民追求异质的生活体验，而不是到旅游目的地工作。除了加入到当地人的日常生活外，移民者会积极地参与当地的各类休闲活动，重视在地体验性。

2. 路径旅居性

旅游消费移民的发生路径总是呈现出"旅游—居住"的特征，即路径具有旅居性。移民将在旅游地的生活日常化，日常生活旅游化，通过居住在别处，重新构建社会网络、开展自我认知，实现价值再造，提升生活满意度。

3. 动机复杂性

相对于短期旅游活动引起的人口流动，旅游消费移民动机具有复杂性。通常情况下，除了会受气候、物价、交通、通信等因素影响外，旅游消费移民还会受人际关系、移民伴侣等因素影响。相对于动机紧迫的旅游劳务移民，旅游消费移民动机相对多样、松散、随机。

七、旅游消费移民分布阶段特征

通过对旅游消费移民相关研究的分析以及对社会实践的观察总结可以发现旅游消费移民在目的地常见的三种分布形态，即零星分布、聚集分布和边缘分布（见图2-1）。

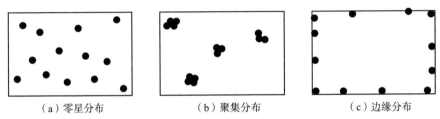

（a）零星分布　　　　　（b）聚集分布　　　　　（c）边缘分布

图2-1 旅游消费移民分布阶段特征

（一）零星分布

1. 阶段内涵

零星分布是指旅游消费移民在旅游目的地分布较为零星的状态。在零星分布阶段，旅游消费移民并未成为一种普遍趋势，仅有少数人参与。处于零星分布阶段的旅游消费移民存在两种倾向：一是长期处于零星阶段，即由于旅游目的地发展较慢，旅游消费移民长期维持在较低水平；二是稳步进入下一阶段，即伴随旅游目的地发展，旅游消费移民获得稳步发展。

2. 阶段特征

零星分布阶段的特点是人口数量较少和发展速度较慢。从旅游活动来看,前期旅游目的地知名度较低,对游客的吸引力较弱,游客访问量较少,从而使旅游消费移民对旅游目的地认知较少,影响移民数量。从个人评估来看,前期相对于流出地,旅游目的地的优势并不明显,对个人的吸引力并不突出,故而旅游消费移民的发展速度较慢。

3. 影响因素

零星分布阶段的影响因素主要包括以下几个方面:一是旅游发展速度。对于旅游发展较快的区域,旅游消费移民将很快进入下一阶段;而对于旅游发展较为缓慢的区域,旅游消费移民将长期处于零星阶段。二是自然资源突出性。对于自然资源较为突出的区域,即便旅游发展速度相对较慢,但也将对旅游消费移民形成巨大的吸引力。对于不喜欢社交的人群来说,零星分布是这部分旅游消费移民的选择。另外,由于移民目的具有逃避性,逃避型旅游移民普遍不喜欢被过多打扰,通常会选择相对分散的分布。选择旅游目的地的一个角落,或者前往旅游目的地较为偏僻的地方,开启自己的生活。换言之,这类逃避型旅游消费移民对零星分布更具兴趣。

(二)聚集分布

1. 阶段内涵

聚集分布阶段是旅游消费移民在旅游目的地分布较为聚集的阶段。在聚集分布阶段,旅游消费移民已经成长为一种普遍趋势,参与人数较多。处于聚集分布阶段的旅游消费移民存在两种倾向:一是长期处于聚集阶段,即由于旅游目的地发展持续力较强,旅游消费移民长期维持在中等水平;二是快速进入下一阶段,即伴随着旅游目的地动力聚集程度增加,中心聚集过度,旅游消费移民趋势发生转向。

2. 阶段特征

聚集分布阶段的特点是人口数量较多和发展速度较快。从旅游活动来

看，旅游目的地知名度提升，对游客的吸引力增加，游客访问量变大，从
而增加了旅游消费移民对旅游目的地的认知，人口数量增加较快。从个人
评估来看，相对于流出地，旅游目的地的优势较为明显，对个人的吸引力
较为突出，故而旅游消费移民的发展速度较快。

3. 影响因素

聚集分布阶段的影响因素主要包括以下几个方面：一是核心区域面
积。对于核心区域面积相对较小的旅游目的地，旅游消费移民将很快进入
边缘分布阶段，而核心区域面积较大的区域承载力相对较强，旅游消费移
民进入下一阶段的速度将会较慢。二是社区包容性。社区包容性较高的区
域可以容纳更多的外来人口，对旅游消费移民的接纳程度较强，将会影响
旅游消费移民的阶段变化。另外，对于喜欢社交的旅游消费移民来说，聚
集分布是他们的选择。一些人喜欢社交，但苦于原有环境无法提供，或者
对原有社区较为依恋，可能会选择与社区中人员一同前往旅游目的地。这
种分布的特点是聚集性较为明显，或是与陌生人口相处在一起，或是与原
有社区的人聚集。这类人群喜欢社交，喜欢与更多人住在一起，喜欢交往
的快乐。

（三）边缘分布

1. 阶段内涵

边缘分布阶段是旅游消费移民在旅游目的地分布较为边缘的阶段。在
边缘分布阶段，旅游消费移民发展出现过度趋势，人口较为聚集，拥挤成
为一种普遍现象。处于边缘分布阶段的旅游消费移民存在两种倾向：一是
长期处于边缘阶段，即由于旅游目的地聚集进一步提升，人们对旅游目的
地边缘的喜爱程度提升，旅游消费移民往边缘发展；二是发展回流，即伴
随着旅游目的地不断调整，拥挤状况进一步改善，旅游消费移民再次转变
为聚集分布。

2. 阶段特征

边缘分布阶段的特点是人口数量过多和发展速度过快。从旅游活动来看，旅游目的地知名度较高，对游客的吸引力大幅度增加，从而过快增加了旅游消费移民对旅游目的地的关注，人口数量增加过快。从个人评估来看，相对于流出地，旅游目的地的优势过于明显，而旅游目的地中心区域人口较为集中，故旅游消费移民选择边缘分布。

3. 影响因素

边缘分布阶段的影响因素主要包括以下几个方面：一是旅游发展的持续性。对于旅游发展持续性较强的区域，中心区域聚集的情况将得到一定程度缓解，边缘分布特征将会得到一定程度的减弱。二是边缘区域建设水平。由于休闲区域的拓展，部分旅游目的地加强了对边缘区域的建设，使之成为容纳旅游消费移民的中心区域，实现了部分区域由边缘到中心的转化。另外，一部分旅游消费移民介于不喜欢社交和喜欢社交之间，边缘分布是他们的选择。他们喜欢不温不火的社交，对于社交的态度较为谨慎，通常不喜欢与别人聚集在一起，但又不希望独自散居，因此呈现出一种"冷居住，热生活"模式，即在相对清静的区域居住，在相对热闹的区域生活。这种分布的特点是边缘性相对明显，即处于旅游目的地的边缘地区。

—————— 第三章 ——————

旅游消费移民流动模型构建

本章对旅游消费移民流动过程，包括移民形成、融入和离开进行了探讨。首先，本章构建了旅游消费移民流动模型；其次，探讨脱嵌成因，构建旅游消费移民脱嵌模型，并进行实证检验；再次，对再嵌成因进行探讨，构建旅游消费移民再嵌模型，并对其进行解释；最后，以景洪市为案例地，采用 24 位旅游消费移民调查访谈数据，借助清晰集定性比较分析方法，对旅游消费移民再嵌成因进行实证检验。

一、流 动 过 程

从嵌入性视角来看，旅游消费移民流动过程实质上是一个嵌入性过程。唐香姐和徐红罡指出，旅游消费移民是一个既嵌入目的地又脱离当地社区生活的群体[36]。那么，从嵌入性视角出发，对旅游消费移民在原住地和目的地之间的流动过程进行分解，可以划分为三个过程（见图 3−1）："脱嵌""再嵌""回嵌"。

（一）"脱嵌"：旅游消费移民形成

从原住社会系统中"脱嵌"是旅游消费移民流动所经历的第一段历程，也是旅游消费移民离开原住地的过程。从嵌入性视角来看，每个人都是嵌入在自己的原住地，而从原住地前往其他目的地的过程被称为"脱嵌"。旅游消费移民就是脱嵌的产物，是个体主观世界中对原住地社会系统和目的社会系统进行衡量、比较，并根据自身需求与偏好进行选择的过程。从原住地社会系统中部分或全部脱嵌是旅游消费移民形成的前提条件。脱嵌失败，个体选择继续停留在原住地，旅游消费移民不会产生。

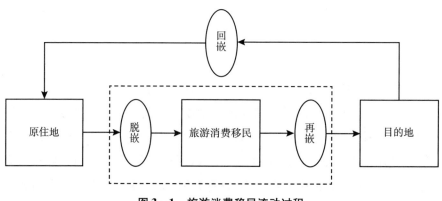

图 3-1　旅游消费移民流动过程

（二）"再嵌"：旅游消费移民维系

是否能够"再嵌"进入目的地社会系统是旅游消费移民流动所经历的第二段历程，也是旅游消费移民是否能够维系的重要阶段。从嵌入性视角来看，旅游消费移民流动不仅包括空间上的流动，也包括社会层面的嵌入。旅游消费移民来到目的地，成为目的地的嵌入者。这种嵌入不同于在原住地的嵌入，是一个再适应和再融合的过程，可称之为"再嵌"。这种再嵌发生在原住地脱嵌之后，是发生在目的地的漫长过程。在这个漫长的再嵌过程中，有的旅游消费移民实现了完全嵌入，最终成为目的地的新住民；有的旅游消费移民实现了部分嵌入，维系着旅游消费移民的身份与特征；也有部分旅游消费移民再嵌不成功，以脱嵌者身份，选择嵌入其他目的地或者回嵌原住地。

旅游消费移民通过流动在"脱嵌"与"再嵌"间循环往复，直到完全在目的地定居或者永久离开目的地。从嵌入性视角来看，旅游消费移民在目的地的再嵌过程并不是一蹴而就，也可能发生在目的地与原住地间定期或不定期的流动过程中。旅游消费移民通过流动，平衡内在需求，调节自己与两个社会系统之间的关系，直到流动停止，再嵌与脱嵌才会最终结束。

（三）"回嵌"：旅游消费移民终结

"回嵌"是旅游消费移民流动所经历的第三段历程，是旅游消费移民"再嵌"彻底失败，不再选择嵌入原住地以外的地方，返回原住地进行长期居住。"回嵌"意味着旅游消费移民身份的消失，关注的是旅游消费移民在经历了迁移后，返回原住地长期居住对社会系统产生的影响，因此不属于本书研究范畴，不展开讨论。

二、脱嵌模型构建

（一）脱嵌文献分析

不同于其他移民，旅游消费移民对后物质主义的生活环境有着特别追求[116]。对于旅游消费移民脱嵌的成因，学者们主要从原住地和目的地两方面进行分析[117]。从原住地来看，脱嵌成因更多包含着"逃离"因素，包括较为糟糕的自然环境、快节奏的城市生活、工作上的压力、较高的城市生活成本、复杂的人际关系等[21,59,118]；从目的地来看，脱嵌成因更多包含着"吸引"因素，包括优美的自然风光、宜人的气候、慢节奏的生活、简单的人际关系、较低的生活成本等方面[75,119-121]。但是在现实生活中，旅游消费移民往往不会单一根据原住地或者目的地某一方面的因素做出决策，而是根据原住地与目的地的对比来决策。也就是说，旅游消费移民脱嵌意图更多地取决于原住地与目的地之间的差异[118]。基于该思考，本书认为，旅游消费移民脱嵌因素分析应该从客观角度出发，对原住地与目的地之间的差异因素进行探讨。结合前人研究，旅游消费移民脱嵌因素可归纳为资源因素、经济因素和社会因素三大因素。

（二）脱嵌模型建立

根据对旅游消费脱嵌因素的分析，结合对旅游消费移民的认识，本章构建了旅游消费移民脱嵌模型（见图3-2）。在旅游消费移民脱嵌过程中，资源因素、经济因素和社会因素分别扮演不同的角色。其中，资源因素决定是否喜欢，进而转化为理想驱动力；经济因素决定是否可以，进而转化为现实驱动力；社会因素决定是否适宜，进而转化为持续发展力。三种因素当中，资源因素和经济因素会相互支援。也就是说，资源因素会作用于经济因素，经济因素也会作用于资源因素。当资源因素考虑过多时，就需要适当少考虑经济因素；当经济因素考虑过多时，就需要适当少考虑资源因素。资源因素和经济因素共同作用产生了脱嵌，而社会因素更多是决定脱嵌时间的长短，即通过作用持续发展力来决定长期脱嵌和短期脱嵌。如果资源因素和经济因素满足，社会因素不满足，即不同时满足，则脱嵌时间会缩短；如果三者同时满足，则脱嵌时间会延长。

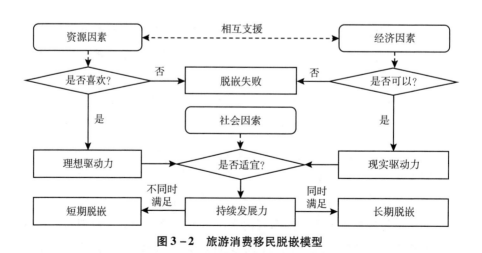

图3-2　旅游消费移民脱嵌模型

三、脱嵌模型解释

（一）脱嵌驱动力

1. 理想驱动力

在旅游消费移民动力之中，理想驱动力是推动旅游消费移民产生的原始推动力，即最基本的力量构成。相对于其他移民，旅游消费移民是在旅游活动的作用下产生的。换言之，旅游消费移民是在前置或后置的旅游活动之后发生的活动。在自发的旅游活动或由其他人引发的旅游活动之后，旅游者产生了对旅游目的地的移民意愿，正是对旅游目的地资源因素的认同，理想驱动力得到加强，进而向旅游消费移民进行转变。作为原始推动力，理想驱动力是由旅游活动引发的移民意愿提升，包含对气候条件、环境质量、休闲资源的评价。其中，当对气候条件、环境质量、休闲资源评价均较好时，理想驱动力最高；当对气候条件、环境质量评价较好，而对休闲资源评价一般或不好时，理想驱动力相对较高；当对气候条件、休闲资源评价较好，而对环境质量评价一般或不好时，理想驱动力处于中等水平；当对环境质量、休闲资源评价较好，而对气候条件评价一般或不好时，理想驱动力处于相对较低水平。

2. 现实驱动力

在旅游消费移民驱动力之中，现实驱动力是决定旅游消费移民发展的核心推动力，即最重要的力量构成。与其他移民比较，旅游消费移民更多关注消费而非生产，因此现实驱动力是个人对自身收入水平、目的地消费水平、目的地经济发展水平的评估。其中，自身收入水平起决定性作用。当对自身收入水平、目的地经济发展水平评估高，对目的地消费水平评估低时，现实驱动力最大；当对自身收入水平评估高，对目的地经济发展水平、目的地消费水平评估低时，现实驱动力中等；当对自身收入水平、目的地消费水平、目的地经济发展水平评估均高或者均低时，现实驱动力较小；当对自身收入水平评估低时，对目的地经济发展水平、消费水平评估高时，现实驱动力最小。

3. 持续发展力

在旅游消费移民动力之中，持续发展力是决定旅游消费移民的持续作用力，即最关键的力量构成。它受理想驱动力和现实驱动力的同时作用：当理想驱动力或现实驱动力不足时，均会引起旅游消费移民的持续发展力下降；当两者均处于相对充足的情况时，旅游消费移民的持续发展力相对较强。作为关键作用力，持续发展力还受到移民口碑、社会压力和地方文化的影响：当移民口碑不好时，社会压力大，地方文化冲突频繁会阻碍旅游消费移民的持续发展；当移民口碑较好、社会压力较低和地方文化包容时，会推动旅游消费移民的持续发展。

（二）脱嵌影响因素

根据旅游消费移民脱嵌模型，脱嵌影响因素可以划分为资源因素、经济因素和社会因素。

1. 资源因素

资源因素是旅游消费移民脱嵌的吸引性因素，也是旅游消费移民脱嵌最直接的因素。不同于劳务移民的就业动机，旅游消费移民的脱嵌动机必然是依托于一定的资源条件，以产生有利于消费的环境。根据对景洪市旅游消费移民的调查（见附录 A），旅游消费移民脱嵌原因大多是气候和环境，部分人因为这里的休闲资源较好，选择在这里定居和生活。因此，旅游消费移民脱嵌的资源因素可以划分为气候条件差异、环境质量差异和休闲资源差异等。

（1）气候条件差异

气候条件差异是目的地与流出地气候条件的差别，也是旅游消费移民脱嵌成因中最重要的因素。由于气候条件差异所产生的旅游消费移民主要可划分为两类：避暑和避寒。在多种因素的作用之下，不同地方的气候条件是不相同的。例如，部分地区存在季节性不适宜生活的情况：中国东北冬季较为寒冷；武汉、重庆等地的夏天较为炎热。但同时，部分地区在夏季和冬季具有良好的生活条件，形成了不同地区间的气候差异。对旅游目的地气候资源的喜爱是消费移民流动的主要原因，尤其老年群体，对气候更为敏感，更容易因气候差异而流动。最初的旅游消费移民出现在一些气候较好的区域，如昆明、西双版纳、海南等地。根据对景洪市旅游消费移民的调查（见附录 A），几乎所有的旅游消费移民均提及气候差异，因此选择来景洪市过冬。

（2）环境质量差异

环境质量差异是目的地与流出地环境质量的不同，是推动旅游消费移民脱嵌的重要因素。由于经济社会的发展以及城市空间的拓展，原有的低楼层转变为高楼层，车辆增多，原有自然环境被破坏，造成各种光学污染、噪声污染、空气污染等污染，致使原有自然环境变差，不适宜长期生活。一般来讲，良好的环境质量是旅游目的地形成的重要因素。相对于流出地来说，旅游目的地在环境质量上具有优势。根据对景洪市旅游消费移民的调查（见附录 A），环境质量是仅次于气候条件的重要因素。

（3）休闲资源差异

休闲资源差异是目的地与流出地休闲资源的差别，是推动旅游消费移民的重要力量。休闲资源缺失原因主要有：一是自然休闲资源缺少，由于自然条件因素和社会经济的发展，人均绿地面积相对较少，无法为居民提供相应的自然休闲空间；二是人造休闲设施较少，由于城市的发展过快，对休闲需求关注较少，从而使主题公园、游乐园等人造休闲设施与发展不匹配，不能满足居民的休闲需求。休闲资源的聚集是拉动旅游消费移民的重要力量。旅游目的地自然休闲和人造休闲资源往往富集，在服务于旅游者的同时，相较于很多区域，拥有了明显的休闲资源差异，也对旅游消费移民者形成了吸引。

2. 经济因素

经济因素是旅游消费移民脱嵌的支撑性因素，通常对脱嵌决定具有决定性作用。旅游消费移民的主要特征是消费，而消费需要经济因素作为支撑。因此，经济因素是旅游消费移民脱嵌的重要因素。旅游消费移民脱嵌通常发生在经济水平有差异的区域间，主要包括经济发展差异、收入水平差异和消费水平差异。

（1）经济发展差异

经济发展差异是目的地与流出地之间经济发展的差别，是决定旅游消费移民脱嵌的重要因素。旅游消费移民通常发生在具有经济发展差异的区域之间。区域之间的发展差异不仅为旅游消费移民脱嵌提供了动力，也加快了旅游消费移民脱嵌的发展速度。由于经济发展的差异，目的地有动力采取一系列措施吸引旅游消费移民的流入，流出地的居民在理性考量的基础上选择成为旅游消费移民。也就是说，不同区域之间的发展差异加大了旅游消费移民脱嵌的可能性。

（2）收入水平差异

目的地与流出地之间的收入差异，是影响旅游消费移民脱嵌的重要经济因素之一。经济收入决定经济实力，进而作用于脱嵌行为。经济实力是自身经济状况满足移民的能力，包含充分、不充分等多种状态。经济实力对旅游消费移民再嵌的影响主要体现在两个方面：一是经济承受力。经济承受力是旅游消费移民得以发生的前提，仅在一定的经济基础支撑情况下，旅游消费移民才有可能发生。二是经济持续力。经济持续力是决定旅游消费移民所能持续时间的重要因素。当有稳定的经济来源足以支撑其长久的旅游消费时，旅游消费移民才能发生并持续。因此，经济收入是旅游消费移民的重要因素之一，对目的地的选择具有重要的指导意义。

（3）消费水平差异

消费水平差异是目的地与流出地之间的消费水平差别，是影响旅游消费移民脱嵌的核心经济因素之一。对于旅游消费移民来说，消费水平差异是旅游消费移民的决定性因素。在受收入约束的条件下，消费水平的降低会提升消费品质和消费规模，延长消费时间，使移民消费效用增强。根据对景洪市旅游消费移民的调查（见附录 A），景洪市消费低是吸引脱嵌的重要因素。由于消费水平较低，旅游消费移民可以节约日常的消费开支，延长在景洪市的消费时长。

3. 社会因素

社会因素是旅游消费移民脱嵌的保障性因素，是影响旅游消费移民脱嵌时间长短的重要因素，包括移民口碑差异、人际压力差异和个体偏好差异。

（1）移民口碑差异

移民口碑差异是目的地与流出地之间的口碑评价对比，是个人目的地选择的主要影响因素。移民口碑是个人所接收到的对旅游目的地的评价，包含正面评价和负面评价。移民口碑对旅游消费移民再嵌效应主要体现在三个方面：一是过往评价。旅游消费移民通常会从个人的旅游经历中获取对旅游目的地的直观感受，以此作为自己是否进行移民的依据。二是周边评价。周边亲戚、朋友等的评价至关重要，会影响个人对旅游目的地的直观看法。三是公众评价。公众评价是社会大众、旅游者、媒体等对旅游目的地的评价，对旅游消费移民也会产生影响。因此，过往评价是个人选择性因素影响旅游消费移民的重要因素之一，对个人对旅游目的地的认知有一定的影响作用。

（2）人际压力差异

人际压力差异是目的地与流出地之间人际关系压力的差别，主要包括：一是和他人比较产生的压力，如由于同辈人工作较好，对自身形成压力；二是人际交往产生的压力，如由于熟人社会的缘故，会产生随份子、拿红包等社会交往压力，也会产生一些不喜欢的场合，对于不喜欢社会交往的人形成社会交往压力；三是道德监督产生的压力，导致个体行为受到约束，不能完全释放自我。而社会包容多元是拉动旅游消费移民的中观力量，形成了推动移民的社会因素。对于旅游目的地来说，陌生人社会体现较为明显。正是由于陌生人的特征，这里聚集了大量的来自世界各地的旅游者，为社会交往提供了宽松的社会氛围。相对流出地来说，旅游目的地提供了多元的社交选择，创造了天然的社交条件，又为那些不喜欢社交的人提供了安静的生活环境。

（3）个体偏好差异

个体偏好差异是个人对目的地与流出地之间的文化对比与选择。个体偏好包含个人对旅游目的地的喜爱程度，即厌恶、一般、喜爱等多种认知，同时也包含个人对生活安排的偏好，主要表现为对工作和生活的理解，及对生产和消费的安排。个人偏好对旅游消费移民再嵌的影响主要体现在两个方面：一是个人性格。一些人表现较为恋家，并不喜欢移民；而一些人对移民存在模糊态度，不太容易接受移民；还有一些人对惯常生活地之外的生活充满兴趣，更容易接受移民。二是个人生活偏好。有些人喜欢边工作边生活，工作和消费并不能完全割裂，偏向选择短暂的旅游作为休闲、娱乐和放松的主要方式；而有些人会选择工作和消费的完全分离，偏向在物质条件允许的情况下，开展纯粹以追求舒适或体验为目的的旅居生活。因此，个人偏好是影响个体移民决策和目的地选择的重要因素之一，对个人旅游消费有重要作用。

四、脱嵌实证检验

（一）区域选择

根据调研得知，西双版纳旅游消费移民大多来自发达地区。故对脱嵌成因进行研究，可选择发达地区与景洪市的对比来实现。因此，本书选择上海、浙江、吉林、辽宁、黑龙江、江西、广东、河北、河南、山东、安徽、福建、湖北、湖南、贵州15个省份与西双版纳进行对比。

（二）数据来源

本书所用数据来自各个省份的统计年鉴和统计公报，景洪市数据来自

《云南统计年鉴》以及各个年度的统计公报。

（三）研究方法

定性比较分析法（qualitative comparative analysis，QCA）是介于质化研究和量化研究之间的一种研究方法，是基于集合理论（set-theoretic）和布尔逻辑（Boolean logic）运用组态思维来进行多案例比较分析的方法[123]。选择该方法的原因有二：一是旅游消费移民涉及多个影响因素，构成多个解释变量和一个被解释变量；二是旅游消费移民影响因素之间可能存在相互关系，利用组态思维可探讨多个因素之间的关系。QCA包括清晰集定性比较分析（crisp-sets QCA，csQCA）、多值集定性比较分析（multi-value QCA，mvQCA）和模糊集定性比较分析（fuzzy-sets QCA，fsQCA）三种操作方法[122]。其中，csQCA将案例划分为隶属集合与不隶属集合两个分类；mvQCA将案例归结为多个值；fsQCA增加了部分隶属，通过不同隶属度来衡量程度（degree）或水平（level）上的变化。由于本书不涉及0和1之外的分类类别，故选择csQCA对旅游消费移民脱嵌影响因素进行研究。

在定性比较分析过程中，主要有两个指标：一致性表示条件变量对于结果变量的充分性：当一致性大于等于0.8时，可判断条件变量为结果变量的充分条件；覆盖度表示条件变量对结果变量的解释力度，当覆盖度大于等于0.9时，可直接判断条件变量为结果变量的必要条件[134]。具体公式为：

$$Consistency(X_i \leqslant Y_i) = \sum \left[\min(X_i, Y_i) \right] \Big/ \sum X_i \qquad (3-1)$$

$$Coverage(X_i \leqslant Y_i) = \sum \left[\min(X_i, Y_i) \right] \Big/ \sum Y_i \qquad (3-2)$$

式中，$Consistency(X_i \leqslant Y_i)$ 为一致性指数，$Coverage(X_i \leqslant Y_i)$ 为覆盖度指数，X 为条件变量，Y 为结果变量。一致性指数越大，条件变量对结果变量的充分性越强；覆盖度指数越大，条件变量对结果变量的解释力度越强。

（四）变量赋值

基于所选案例的具体描述及已有文献，针对模型中的条件变量和结果变量的设定进行说明，并将赋值结果汇总于表3-1。由于只考虑脱嵌成功和脱嵌失败，而不探讨长期脱嵌和短期脱嵌问题，故采取资源因素和经济因素来测量脱嵌结果形成的原因。

表3-1 变量说明与赋值

变量类别		变量名称	变量数据统计	赋值
结果变量	脱嵌结果	脱嵌完成	西双版纳存在该区域的旅游消费移民	1
			西双版纳不存在该区域的旅游消费移民	0
条件变量	资源因素	气候条件差异	该区域年平均气温比西双版纳低	1
			该区域年平均气温比西双版纳高	0
		环境质量差异	该区域森林覆盖率比西双版纳高	1
			该区域森林覆盖率比西双版纳低	0
		休闲资源差异	该区域休闲资源丰度比西双版纳差	1
			该区域休闲资源丰度比西双版纳好	0
	经济因素	经济发展差异	该区域人均国内总产值比西双版纳高	1
			该区域人均国内总产值比西双版纳低	0
		消费水平差异	该区域居民人均消费支出比西双版纳高	1
			该区域居民人均消费支出比西双版纳低	0
		收入水平差异	该区域居民人均可支配收入比西双版纳高	1
			该区域居民人均可支配收入比西双版纳低	0

（五）成因分析

1. 条件必要性检验

根据变量赋值结果形成二分数据表，并将其导入 fsQCA 软件中运行，

58

将6个条件变量分别取正反值，得到如表3-2所示的单条件变量分析结果。从一致性来看，气候条件差异、环境质量差异的一致性数值为1，解释力最强；休闲资源差异、收入水平差异、经济发展差异一致性数值超过了0.8，解释力也较强。从覆盖度来看，脱嵌成功覆盖度普遍小于0.9，没有单一变量能够对结果变量形成解释，仅气候变化差异脱嵌失败覆盖度为1，突出气候条件在脱嵌成功和失败中的重要性。

表3-2　　　　　　　　　　单条件变量必要性检验结果

条件变量		结果变量			
		脱嵌成功		脱嵌失败	
		一致性	覆盖度	一致性	覆盖度
资源因素	气候条件差异	1.000	0.724	0.889	0.276
	~气候条件差异	0.000	0.000	0.111	1.000
	环境质量差异	1.000	0.700	1.000	0.300
	~环境质量差异	0.000	0.000	0.000	0.000
	休闲资源差异	0.952	0.740	0.778	0.259
	~休闲资源差异	0.048	0.333	0.222	0.667
经济因素	经济发展差异	0.857	0.692	0.889	0.307
	~经济发展差异	0.143	0.750	0.111	0.250
	收入水平差异	0.952	0.740	0.778	0.259
	~收入水平差异	0.048	0.333	0.222	0.667
	消费水平差异	0.524	0.733	0.444	0.267
	~消费水平差异	0.476	0.667	0.556	0.333

注：表中~代表"非"，即非必要条件。

2. 组态分析

通过单条件变量必要性检验结果，旅游消费移民脱嵌存在复杂的因果关系，需要进一步开展组合分析。将数据导入软件，删除连续性小于0.8

的数据后，进行标准分析，得出 3 种结果：复杂解、中间解和简单解（见表 3 - 3）。

表 3 - 3   条件变量组合分析结果

解的类型	条件组合	原始覆盖度	唯一覆盖度	一致性
复杂解	气候条件差异 * 环境质量差异 * 休闲资源差异 * ~ 经济发展差异 * ~ 消费水平差异	0.143	0.143	1
	气候条件差异 * 环境质量差异 * 经济发展差异 * ~ 消费水平差异 * 收入水平差异	0.333	0.048	0.7
	气候条件差异 * 环境质量差异 * 休闲资源差异 * 经济发展差异 * 收入水平差异	0.809	0.523	0.739
	结果覆盖度：1		结果一致性：0.778 1	
中间解	气候条件差异 * 环境质量差异 * 休闲资源差异 * ~ 经济发展差异 * ~ 消费水平差异	0.143	0.143	1
	气候条件差异 * 环境质量差异 * 经济发展差异 * 消费水平差异 * 收入水平差异	0.333	0.048	0.7
	气候条件差异 * 环境质量差异 * 休闲资源差异 * 经济发展差异 * 收入水平差异	0.809	0.523	0.739
	结果覆盖度：1		结果一致性：0.778 1	
简单解	气候条件差异 * 休闲资源差异	0.952	0.048	0.769
	气候条件差异 * 收入水平差异	0.952	0.048	0.769
	结果覆盖度：1		结果一致性：0.778 1	

注：表中 ~ 代表"非"，即非必要条件；* 代表因素的组合。

采用拉金（Charles C. Ragin）和费斯（Peer C. Fiss）所提出的方法来呈现结果报告（见表 3 -4）。该呈现模式能够清晰表明各条件变量在整个组态结果中的相对重要性[123]。

表 3 - 4　　　　　　旅游消费移民脱嵌的组态分析结果

条件	组态解		
	模式 1	模式 2	模式 3
气候条件差异	●	●	●
环境质量差异	•	•	•
休闲资源差异	●		
经济发展差异		•	
收入水平差异		●	●
消费水平差异			
原始覆盖度	0.143	0.333	0.809
唯一覆盖度	0.143	0.048	0.523
一致性	1	0.7	0.739
总体一致性	1		
总覆盖度	0.778		

注：图中 • 或 ● 表示该条件存在；空白表示组态中该条件可存在、可不存在，即此条件变量的存在对结果而言无关紧要；● 表示核心条件，• 表示辅助条件。

根据组态分析，旅游消费移民脱嵌可划分为 3 种模式。每种路径的一致性值都在 0.7 以上且总体一致性达到了 1，说明了实证分析的有效性。总体覆盖度的数值达到了 0.778，覆盖了一半以上的样本，考虑到案例数量以及案例性质的影响，基于组态分析视角，对组态模式进行具体分析，该结果总体可以接受。

组态模式 1 为"气候 + 资源"型旅游消费移民脱嵌。也就是说，旅游消费移民来到这里，主要是因为气候差异和资源差异。该模式一致性最强，结果为 1，这种模式能够解释 14.3% 的案例。

组态模式 2 为"气候 + 收入"型旅游消费移民脱嵌。这种模式能够解释 4.8% 的案例，不占据主导地位。

组态模式 3 为"气候 + 资源 + 收入"型旅游消费移民脱嵌。这种模式能够解释 52.3% 的案例，占据主导地位。

3. 因素分析

通过对旅游消费移民脱嵌的分析，主要可以得出以下结论：一方面，气候条件差异是旅游消费移民脱嵌成功和脱嵌失败均会涉及的重要因素，在解释脱嵌成功和脱嵌失败方面均具有较强的解释力。另一方面，旅游消费移民脱嵌可以划分为三种模式，即"气候 + 资源"型、"气候 + 收入"型、"气候 + 资源 + 收入"型。

五、再嵌模型构建

对于旅游消费移民再嵌的研究，主要集中于旅游消费移民社会融合研究。为对再嵌因素进行分析，需要先对再嵌有一个基本认识，在此基础上，结合旅游消费移民的情况，对再嵌因素进行分析。

（一）再嵌文献分析

通过对国内外相关文献的梳理发现，旅游消费移民再嵌是从嵌入性视角对旅游消费移民社会融合进行研究，主要包括旅游消费移民再嵌内涵和再嵌成因的分析。

旅游消费移民再嵌内涵是一个多维度作用的结果，包含经济、政治、社会关系、文化、心理等方面。在经济再嵌方面，旅游消费移民需要获得与当地社会具有同等经济背景条件下的经济地位，需要一个公平的消费环境[124]；在政治融合方面，旅游消费移民的流动性和暂时性特点使其难以获得同等的政治权力，主要是通过经济资本来弥补政治上的限制[125]；在社会关系融合方面，旅游消费移民再嵌不仅涉及不同群体之间社会关系的强度、质量、信任、包容等方面[126]，也包括积极的社会交往对消除误解、增进信任所产生的作用[127]；在文化融合方面，旅游消费移民再嵌包括不同文化区域的群体在语言、生活方式、日常习惯、价值观和规范等的融合[128]，多依赖于个体的主观意愿[129]；在心理融合方面，旅游消费移民再嵌心理层面通常是最高层次的融合[130]，包括对目的地的身份认同和归属感的建立。在再嵌过程中，一旦旅游消费移民认为目的地失去了原本的吸引力[131]，将会再嵌到下一个目的地[132]。根据以上研究中可以得出，再嵌包括经济再嵌、政治再嵌、社会关系再嵌、文化再嵌、心理再嵌等多个层面，是一个不断发展的过程。因此，对旅游消费移民再嵌内涵进行研究，需要从多个层面进行考虑，包括经济认同、政治接纳、社会关系、文化适应、心理认同等多个方面。

旅游消费移民再嵌成因包含多个方面，现有研究主要集中于对目的地、流出地和个体差异的探讨。在目的地方面，影响再嵌的因素包括社会、文化、媒体、原住民等因素。在制度上，目的地社会制度是重要因素，户籍制度与社会福利、政治权利等直接相关，影响旅游消费移民的归属感[133]；在文化环境上，目的地文化环境会影响旅游消费移民的文化适应，尤其是保持自身文化传统和身份的倾向[134]；在媒体上，目的地媒体对旅游消费移民的评价是一个重要因素，消极评价可能会推动旅游消费移民积极地进行社会整合[59]；在原住民上，目的地原住民对移民的态度也会影响旅游消费移民再嵌。在流出地方面，优越的物质条件和乡土情结始终是阻碍旅游消费移民再嵌的重要因素，使返回原住地随时有可能发生[118]。个体差异方面影响再嵌的因素主要包括社会资本和个体情感。在社会资本上，旅游消费移民能够作为桥梁和纽带，帮助目的地居民获取更多的信息和资源，从而减少冷漠和不信任，促进融合[135]；在个人情感上，文化、自然、环境等均是重要吸引因素[136]，旅游消费移民选择再嵌通常是一个主动融入的过程，是由于对目的地生活方式的认同，但也会在不认同的情况下选择脱嵌和回嵌[137]。

（二）再嵌模型构建

根据对旅游消费移民再嵌文献的分析，旅游消费移民再嵌包含多种形态，涉及经济认同、政治接纳、社会关系、文化适应、心理认同等多个方面；旅游消费移民再嵌成因包含目的地、流出地和个人三方面的因素。结合对景洪市旅游消费移民的访谈，发现在现实中探究个体再嵌成因往往可以从可能性、难易度和持续性三个层面展开（见附录 A）。

1. 再嵌可能性

衣食住行是人的基本需要，也是影响移民再嵌可能性的重要因素。在访谈过程中，几乎所有的受访者都提到景洪市物价低，生活费用不高。由此推测移民原住地与目的地之间的物价差异是旅游消费移民产生和发展的一个重要原因，甚至有受访者表示自己曾经在三亚住过一段时间，因为觉得物价太高，选择来景洪过冬。有部分受访者表示，景洪市房价偏高，房子盖得太多，因此选择租住、继续观望房产市场或者在房价更低的地方买房，如在离开景洪市 50 多公里的勐海买房。此外，多数租房居住的移民认为租房价格合理。居住成本也应该是再嵌可能性的构成因素。对于旅游消费移民，亦居亦旅是他们的重要特征，在访谈过程中，有少数受访者提出，景洪市旅游景区景点门票太贵，希望相关管理部门对常住群体予以优惠，有移民表示对本地人和外地人门票价格不一致的规定表示不能理解。因此推测景区景点门票价格对再嵌可能产生影响。

2. 再嵌难易度

饮食习惯是地方文化的重要载体，是移民再嵌的重要影响因素。个别受访者不习惯景洪市的饮食，尤其是酸辣口味，对当地人爱吃烧烤造成空气污染也表示不赞成。情感交流是移民获得归属感的重要途径。在对旅游消费移民群体进行访谈的过程中发现，只有极少数个体与当地人有交往，并赞扬当地人热情和友善，对受到当地人的帮助表示感谢；大多数移民则表示与当地人没有交往，不了解。多数移民的交往对象保持在移民尤其是老乡内部，社会情感交流主要依靠电话、微信等通信工具和原住地家人朋友保持联系。这些都有可能增加再嵌难度，使得移民形成"疏远""隔离"甚至"对立"的情感态度。

3. 再嵌持续性

对于移民群体，随着停留时间的增加，社会保障水平的重要性会逐渐显现，影响再嵌持续性。通过访谈发现，受访者大多来自相对发达的地区，在对景洪市自然条件表示肯定的同时，也对景洪市社会管理尤其是公共设施与服务水平表达了不满和担忧。例如，多个受访者都提到景洪市医疗条件差、医疗设施落后、医院规模小、看病不方便等问题。除此以外，不少受访者认为景洪市基础设施有待提高：公园卫生间少、交通设施不便利、公共运动设施缺乏等。个别旅游消费移民对景洪市公共管理效率和服务水平表示不满，如购房后房产证迟迟办不下来、天然气损坏后维修速度太慢等。这些因素对旅游消费移民在目的地停留时间、居住意愿都产生了不可忽视的影响。

因此，根据文献整理分析以及对景洪市旅游消费移民的调查，本书构建了旅游消费移民再嵌模型（见图 3 - 3）。

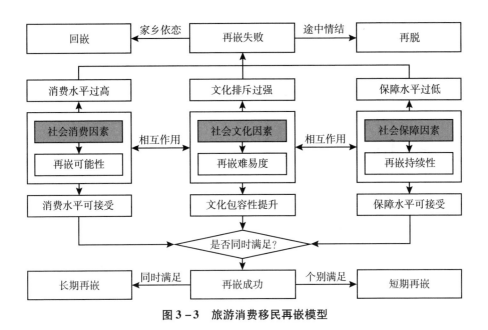

图 3 - 3　旅游消费移民再嵌模型

（三）再嵌模型解释

再嵌包含三个层面，即再嵌可能性、再嵌难易度和再嵌持续性。而再嵌的三个层面对应着社会消费因素、社会文化因素和社会保障因素。社会消费因素、社会文化因素和社会保障因素会相互作用。在三种因素的作用下，会形成再嵌失败和再嵌成功两种结果。其中，再嵌失败包括回嵌和再脱两种状态，再嵌成功包括长期再嵌和短期再嵌两种状态。当目的地出现消费水平过高、文化排斥过强和保障水平过低三种状况时，旅游消费移民再嵌失败；当目的地出现消费水平可接受、文化包容性提升和保障水平可接受三种状况时，旅游消费移民再嵌成功；当消费水平可接受、文化包容性提升和保障水平可接受三种状况同时满足时，为长期再嵌，否则为短期再嵌。

六、再嵌因素分析

根据旅游消费移民再嵌模型，再嵌因素可划分为社会消费因素、社会文化因素和社会保障因素。

（一）社会消费因素

社会消费因素是旅游消费移民再嵌的先导因素，是决定再嵌可能性的重要因素。由于本身的消费属性，旅游消费移民必然会对本地的社会消费水平进行评估，主要集中于住房价格、生活物价和景区门票价格的评估。

1. 住房价格差异

居住是移民必须面临的消费，且往往是旅居生活中最重要的开支项目。住房价格差异是旅游消费移民首先考虑的因素。居住可通过三种形式解决，包括买房、租房和酒店。第一种形式通常发生在目的地与流出地住房价格差异较大的情况下，目的地住房价格更加便宜，且在判断房产能够保值或增值的情况下，旅游消费移民会选择在旅游目的地置办房产，从而实现移民的目的；第二种形式通常发生在移民认为房价较高且对涨跌预期不明朗的情况下，此时他们会选择租房来实现移民目的；第三种形式通常发生在居住计划较短的情况下，旅游消费移民选择民宿、酒店等短期居住形式来实现移民目的。

2. 生活物价差异

生活物价差异是旅游消费移民需要考虑的限制性因素。由于生活物价直接和消费时间挂钩，生活物价差异会对再嵌感受和再嵌时间产生影响。前往生活物价较低的目的地生活，旅游消费移民消费效用能够得到增强，消费质量和数量都得到提升，再嵌时间也会相对延长。然而，对于生活物价与流出地差异较小的区域，旅游消费移民的消费会有所限制，从而影响再嵌感受，缩短再嵌时间。对景洪市旅游消费移民进行调研发现（见附录A），物价水平低是吸引他们来这里的重要因素。

3. 景区门票差异

景区门票差异是旅游消费移民重要的参考决策因素。景区门票差异体现在两个方面：一方面，景区门票本身价格较高；另一方面，景区门票对本地居民和外地居民的价格有所不同。对于景区门票价格高的情况，如果目的地有较完善的公共休闲设施和较充分的免费休闲空间作为补充，对再嵌影响不大。对于景区门票对本地居民和外地居民价格不同的情况，由于涉及公平问题，会影响再嵌感受。对景洪市旅游消费移民进行调研发现（见附录A），旅游消费移民会提及门票的高价格和不公平，是影响再嵌的重要因素。

（二）社会文化因素

社会文化因素是旅游消费移民再嵌的适应性因素，是决定再嵌难易度的重要因素。由于本身的外地属性，旅游消费移民必然与本地居民在社会文化方面存在一定差异，主要集中于饮食习惯、社区交往和社会关系。

1. 饮食习惯差异

饮食习惯差异是旅游消费移民必然会面对的因素，在所有社会文化适应中处于先导地位。气候和文化差异使各地饮食习惯不同，"北咸南淡东甜西辣"就是对我国口味习惯差异的一种描述。饮食习惯差异与经济发展密切相关，经济发达的地区饮食丰富，饮食习惯差异已经不再是限制性因素。对景洪市旅游消费移民进行调研发现（见附录 A），部分景洪市旅游消费移民并不喜欢当地较为酸辣的饮食，选择自己做饭。

2. 社区交往差异

社区交往差异是旅游消费移民在长期适应中要面对的因素，在社会文化适应中地位较为突出。旅游消费移民来到旅游目的地，必然要与本地居民打交道，无论是消费方面，还是生活方面。良好的社区交往对旅游消费移民的再嵌行为有促进作用。当旅游消费移民在旅游目的地建立友情关系之后，地方依恋增强，再嵌时间会延长，程度会加深。对景洪市旅游消费移民社会交往进行调研发现，目前只有很少的旅游消费移民与当地居民产生接触，大多数移民都说没有接触或者没有交往，即旅游消费移民的居住和生活空间形成了一种与本地社会无形间相互隔离的"飞地"。

3. 社会关系差异

社会关系差异是旅游消费移民在适应中的重要因素，会影响其决策。旅游消费移民大部分是结伴出行（家人、朋友等），但也有少部分旅游消费移民是独自来到旅游目的地。不同的社会关系状态也会对旅游消费移民再嵌产生影响。结伴而行会促进旅游消费移民的再嵌行为，但同时也会放大旅游消费移民的脱嵌行为；单独出行在减少再嵌行为的同时，也降低了脱嵌行为的可能性。

（三）社会保障因素

社会保障因素是旅游消费移民再嵌的保障性因素，是决定再嵌持续性的重要因素。社会保障因素主要包括环境卫生保障、交通设施保障和医疗设施保障。

1. 环境卫生保障

环境卫生保障是所有年龄段都重视的重要条件，也是影响旅游消费移民再嵌的重要因素。很多旅游目的地的经济发展水平与发达地区有较大差距，而环境质量高于发达地区。但部分地区由于疏于管理，环境卫生与旅游消费移民流出地相去甚远，也就是对旅游消费移民来说，自然环境已经达到了预期，但与环境相关的卫生保障没有达到要求，这样也会极大地影响再嵌行为。在对景洪市旅游消费移民进行调查时，部分旅游消费移民提及环境好，但对卫生的评价并不太高。

2. 交通设施保障

交通设施保障是对不同消费群体进行保障的重要条件，对不同消费能力的旅游消费移民再嵌均具有一定程度的影响。对于消费能力较强的群体，基本的交通设施就能够满足要求；但对于消费能力较弱的群体来说，公共交通的保障就显得尤为重要。但由于经济发展及市镇管理水平的差异，部分旅游目的地在公共交通安排上并不尽如人意。在对景洪市旅游消费移民进行调研时，部分旅游消费移民就指出景洪市在公共交通层面存在短板，希望提高公共交通水平。

3. 医疗设施保障

医疗设施保障是对不同年龄群体进行保障的重要条件，对不同年龄段的旅游消费移民再嵌均有一定程度的影响。尤其对年龄较大的旅游消费移民来说，医疗设施的保障显得尤为重要。但对于经济发展滞后的旅游目的地来说，医疗资源相对较为匮乏，医疗设施建设相对滞后，严重影响了医疗设施的保障水平。在对景洪市旅游消费移民进行调查时，部分旅游消费移民指出景洪市存在医疗短板，需要前往景洪市里面甚至是昆明就医，影响了旅游消费移民的再嵌意愿。

七、再嵌实证检验

本章借助清晰集定性比较分析法，对旅游消费移民再嵌成因进行分析，主要步骤包括案例选择、变量赋值、成因分析等。

（一）案例选择

1. 案例样本

根据清晰集定性比较分析方法的要求，选择了 24 位景洪市旅游消费移民作为访谈对象，组成旅游消费移民调查案例样本集（见表 3-5），对旅游消费移民再嵌成因进行分析。

表 3-5　　　　　　　　旅游消费移民调查案例样本集

序号	ID	性别	年龄	学历	家乡	年收入（万元）	开始时间
1	调查者 A	男	60 岁	高中	吉林长春	6	2022 年
2	调查者 B	女	63 岁	初中	吉林长春	2	2022 年
3	调查者 C	女	62 岁	高中	吉林长春	3	2019 年
4	调查者 D	男	64 岁	无	河北石家庄	3.6	2019 年
5	调查者 E	女	55 岁	无	山东济南	无	2020 年
6	调查者 F	女	70 岁	小学	辽宁沈阳	4.2	2019 年
7	调查者 G	女	59 岁	高中	青海西宁	7	2020 年
8	调查者 H	女	57 岁	本科	重庆南岸	10	2017 年

续表

序号	ID	性别	年龄	学历	家乡	年收入（万元）	开始时间
9	调查者 I	男	68 岁	高中	辽宁沈阳	5	2018 年
10	调查者 J	女	63 岁	无	黑龙江哈尔滨	8	2022 年
11	调查者 K	男	66 岁	无	河南郑州	无	2020 年
12	调查者 L	女	60 岁	高中	甘肃兰州	10	2022 年
13	调查者 M	男	65 岁	本科	黑龙江齐齐哈尔	8	2022 年
14	调查者 N	男	62 岁	本科	江苏南京	8	2019 年
15	调查者 O	男	65 岁	高中	甘肃白银	6	2017 年
16	调查者 P	女	60 岁	无	上海徐汇	9	2022 年
17	调查者 Q	女	60 岁	无	浙江丽水	8	2022 年
18	调查者 R	男	62 岁	高中	浙江杭州	无	2020 年
19	调查者 S	男	57 岁	本科	北京	无	2018 年
20	调查者 T	女	60 岁	高中	辽宁沈阳	3	2020 年
21	调查者 U	男	70 岁	硕士	北京	20	2016 年
22	调查者 V	女	52 岁	高中	北京	无	2017 年
23	调查者 W	男	68 岁	高中	四川成都	7	2018 年
24	调查者 X	男	63 岁	无	黑龙江哈尔滨	6	2018 年

2. 研究方法

定性比较分析法（qualitative comparative analysis）是介于质化研究和量化研究之间的一种研究方法，基于集合理论（set-theoretic）和布尔逻辑（Boolean logic）运用组态思维来进行多案例比较分析。选择该方法的原因有二：一是旅游消费移民涉及多个影响因素，构成了多个解释变量和一个被解释变量；二是旅游消费移民影响因素之间可能存在相互关系，利用组态思维可探讨多个因素之间的关系。QCA 包括清晰集定性比较分析（crisp-sets QCA，csQCA）、多值集定性比较分析（multi-value QCA，mvQCA）和模糊集定性比较分析（fuzzy-sets QCA，fsQCA）三种操作方法[122]。其中，csQCA 将案例划分为隶属集合与不隶属集合两个分类；mvQCA 将案

例归结为多个值；fsQCA 增加了部分隶属，通过不同隶属度来衡量程度
（degree）或水平（level）上的变化。由于本研究不涉及 0 和 1 之外的分类
类别，故选择 csQCA 对旅游消费移民再嵌成因进行研究。

在定性比较分析过程中，主要有两个指标：一致性表示条件变量对于
结果变量的充分性，当一致性大于等于 0.8 时，可判断条件变量为结果变
量的充分条件；覆盖度表示条件变量对结果变量的解释力度，当覆盖度大于
等于 0.9 时，可直接判断条件变量为结果变量的必要条件[134]。具体公式为：

$$Consistency(X_i \leq Y_i) = \sum [\min(X_i, Y_i)] / \sum X_i \qquad (3-1)$$

$$Coverage(X_i \leq Y_i) = \sum [\min(X_i, Y_i)] / \sum Y_i \qquad (3-2)$$

式中：$Consistency(X_i \leq Y_i)$ 为一致性指数；$Coverage(X_i \leq Y_i)$ 为覆盖
度指数；X 为条件变量，Y 为结果变量。一致性指数越大，条件变量对结
果变量的充分性越强；覆盖度指数越大，条件变量对结果变量的解释力
越强。

（二）变量赋值

基于所选案例的具体描述以及已有文献，针对模型中的条件变量和结
果变量的设定做如下说明，赋值结果汇总于表 3-6。

表 3-6   变量说明与赋值

变量类别		变量名称	变量数据统计	赋值
结果变量	再嵌结果	再嵌意愿	想要长时间在这里再嵌	1
			不想长时间在这里再嵌	0
条件变量	社会消费因素	住房价格差异	会在这里买房	1
			不会在这里买房	0
		生活物价差异	这里的物价水平较低	1
			这里的物价水平较高	0
		景区门票差异	景区门票同等对待	1
			景区门票不同等对待	0

续表

变量类别		变量名称	变量数据统计	赋值
条件变量	社会文化因素	饮食文化差异	喜欢本地的饮食	1
			不喜欢本地的饮食	0
		社区交往差异	与本地居民有交往	1
			与本地居民没有交往	0
		社会关系差异	在本地有自己的朋友	1
			在本地没有自己的朋友	0
	社会保障因素	环境卫生保障	这里的环境卫生比较好	1
			这里的环境卫生比较差	0
		交通设施保障	这里的公共交通比较好	1
			这里的公共交通比较差	0
		医疗设施保障	这里的医疗设施比较好	1
			这里的医疗设施比较差	0

（三）成因分析

1. 条件必要性检验

根据变量赋值结果形成二分数据表，并导入 fsQCA 软件中运行，将 6 个条件变量分别取正反值，得到如表 3-7 所示的单条件变量分析结果。

表 3-7　　　　　　　　　　单条件变量必要性检验结果

条件变量		结果变量			
		再嵌意愿强		再嵌意愿弱	
		一致性	覆盖度	一致性	覆盖度
社会消费因素	住房价格差异	0.304	0.875	1.000	0.125
	~住房价格差异	0.696	1.000	0.000	0.000
	生活物价差异	0.826	0.950	1.000	0.043

续表

条件变量		结果变量			
		再嵌意愿强		再嵌意愿弱	
		一致性	覆盖度	一致性	覆盖度
社会消费因素	~生活物价差异	0.043	1.000	0.000	0.000
	景区门票差异	0.826	0.950	1.000	0.050
	~景区门票差异	0.174	1.000	0.000	0.000
社会文化因素	饮食文化差异	0.913	0.955	1.000	0.045
	~饮食文化差异	0.087	1.000	0.000	0.000
	社区交往差异	0.087	1.000	0.000	0.000
	~社区交往差异	0.913	0.955	1.000	0.045
	社会关系差异	1.000	1.000	0.000	0.000
	~社会关系差异	0.000	0.000	1.000	1.000
社会保障因素	环境卫生保障	0.261	1.000	0.000	0.000
	~环境卫生保障	0.739	0.944	1.000	0.056
	交通设施保障	0.043	1.000	0.000	0.000
	~交通设施保障	0.957	0.957	1.000	0.043
	医疗设施保障	0.000	0.000	0.000	0.000
	~医疗设施保障	1.000	0.958	1.000	0.042

注：~表示"非"，即非必要条件。

2. 组态分析

单条件变量必要性检验结果表明，旅游消费移民脱嵌是存在复杂的因果关系，需要进一步开展组合分析。将数据导入软件，删除连续性小于0.8 的数据后，进行标准分析，得出中间解结果（见表 3 – 8）。旅游消费移民再嵌组合分析结果共有六种，其中社会关系差异是最主要的决定因素。旅游消费移民再嵌过程中，社会关系差异、生活物价差异和饮食文化三种因素的作用较为明显。

表 3 - 8 旅游消费移民再嵌组合分析中间解结果

条件组合	原始覆盖度	唯一覆盖度	一致性
~住房价格差异 * 生活物价差异 * ~社区交往差异 * 社会关系差异 * 环境卫生保障 * 交通设施保障 * ~医疗设施保障	0.478	0.087	1
生活物价差异 * 景区门票差异 * 饮食文化差异 * ~社区交往差异 * 社会关系差异 * ~交通设施保障 * ~医疗设施保障	0.652	0.130	1
~住房价格差异 * 生活物价差异 * ~景区门票差异 * 饮食文化差异 * 社会关系差异 * 环境卫生保障 * ~交通设施保障 * ~医疗设施保障	0.130	0.043	1
~住房价格差异 * 景区门票差异 * 饮食文化差异 * ~社区交往差异 * 社会关系差异 * 环境卫生保障 * 交通设施保障 * ~医疗设施保障	0.348	0.435	1
住房价格差异 * 生活物价差异 * 景区门票差异 * 饮食文化差异 * 社会关系差异 * ~环境卫生保障 * 交通设施保障 * ~医疗设施保障	0.174	0.043	1
~住房价格差异 * 生活物价差异 * 景区门票差异 * 饮食文化差异 * ~社区交往差异 * 社会关系差异 * 环境卫生保障 * ~医疗设施保障	0.130	0.043	1

注：表中 ~ 代表 "非"，即非必要条件；* 代表因素的组合。

第四章
旅游消费移民再嵌效应模型

本章是对旅游消费移民再嵌效应模型的探讨。首先，结合相关文献，构建旅游消费移民再嵌效应理论模型，明确影响因素、影响领域、影响表现等；其次，结合 PSR 模型，构建旅游消费移民再嵌效应测度模型。

一、理 论 模 型

为构建旅游消费移民再嵌效应理论模型，对旅游消费移民再嵌效应进行文献综述，并在此基础上构建模型，得出再嵌效应表现。

（一）再嵌效应模型

1. 再嵌效应文献分析

旅游消费移民再嵌效应研究相对较少，主要包括社会影响、经济影响、文化影响、环境影响和管理影响。在社会影响上，主要集中于对社会参与、社区结构的影响。由于人与人之间的戒备和非包容心理，旅游消费移民再嵌会影响协作程度，容易产生误解，影响社会参与情况[127]。在经济影响上，旅游消费移民再嵌能够强化商业网络，推动旅游目的地品牌价值提升，推动经济发展[138]。在文化影响上，旅游消费移民再嵌能够推动有共同生活品位与见识的精英融合，使融合与区隔的状态更为显著[48]。在环境影响上，旅游消费移民再嵌会推动同质社区的异质化进程，会形成由移民群体构成的"旅游飞地"[139]。在管理影响上，部分研究结果提及由于移民难以获得平等的政治机会，将会通过社会组织和活动对旅游目的地管理产生影响[125]。此外，有学者认为，旅游消费移民再嵌效应对社会的影响更为重要[117]。因此，对旅游消费移民再嵌效应进行研究，应主要从五个维度展开，即旅游消费移民再嵌的社会影响、经济影响、文化影响、环境影响和管理影响。

2. 再嵌效应模型构建

通过走访景洪市当地居民，对旅游消费移民再嵌效应进行研究，得出旅游消费移民再嵌效应访谈记录（见附录B）。当地居民对外地移民带来的影响感受很深，主要集中于以下几个领域。

（1）社会影响

人口增加导致城市拥挤，是旅游消费移民给目的地社会系统造成的最直观的影响，主要体现在交通拥挤、就医困难、公共设施占用率高等方面。

受访者A（女，50岁，物业管理员）："看病就医排队长，交通拥挤，车多人多。"受访者I（女，47岁，公务员）："景洪的道路并不宽敞，外地人大量涌入加重了景洪的交通拥挤，在马路上可以看到越来越多的外地车辆。人流增多，噪声、拥挤等问题也日益显现。"受访者N（女，28岁，事业单位职员）："外地人一定程度上造成景洪交通、公共场合更加拥挤。"受访者K（女，29岁，公司行政员工）："公共区域变得嘈杂、拥挤，影响了景洪市容市貌。有些外地人长时间占用公共资源。"受访者P（女，36岁，教师）："特别是在过年期间人特别多，给景洪交通带来不便，经常堵车。"

（2）经济影响

旅游消费移民的重要特征是消费性，除了促进旅游目的地经济发展之外，物价上涨也是本地居民感受最深的变化之一。

受访者H（男，45岁，建筑行业）："外地人大量涌入导致需求增多，物价上涨；景洪气候好，很多北方人在景洪买房养老，房地产需求增加，房价上涨，外来企业增多的同时也增加了本地的就业机会，更多人开始考虑在本地就业，而不是外出务工。"受访者 B（男，36 岁，快递员）："物价提高，房价提高。人多了，尤其是冬天。外地人越多，物价就越高，越来越多的外地人在景洪买房，导致房价上涨，本地人更难买房，本来景洪的工资就不高。"受访者 P（女，36 岁，教师）："外来人口给景洪本地人带来了很多经济上的压力，比如抬高房价、物价，有时会购置房产来炒房。如果只是旅居和季节性居住的话，租住就可以了，别买房了，房价太高。"受访者 F（女，28 岁，房地产行政人员）："外地人对景洪的经济方面产生了巨大影响，房价从原来均价 3000 元提升到了现在的 8000 元左右，很多北方人喜欢这边的气候，觉得适合长期居住，所以购房来投资或者作为他们的养老地，因此物价、房价都较之前提高了很多，同时也推动着景洪的发展。在外地人的带动下，西双版纳房价已经高到让很多本地人买不起房了。"

（3）文化影响

旅游消费移民的增加，加速了旅游目的地文化的变迁。尤其对于像景洪市这样的少数民族聚居的边陲小城，影响更加明显。

受访者 F（女，28 岁，房地产行政人员）："原本充满异域风情的热带地区，也融入了一些北方特色，北方的餐饮店增多，满大街都是外地人。"受访者 D（女，29 岁，公司会计）："外地人文化习惯和本地人不一样，感觉他们特别能说，叽叽喳喳的，不分场合，有的外地人素质低，而且感觉他们自身带着一种优越感，看不上本地的人。"受访者 M（37 岁，餐饮店老板）："他们（外地人）排队插队、公共场合大声喧哗，让本地人很反感。"受访者 U（男，59 岁，采石场主）："人越来越多了，有时候去江边散步，去万达商圈逛街，到处是外地人大喊大叫，景洪原来美丽宁静的感觉少了。"受访者 I（女，47 岁，公务员）："本地作为傣族自治区，多民族共同生活，除部分风俗习惯不同外，生活习惯也大致相同。外地人涌入的同时带来了更多别样的观念，使更多本地人在吸收外来文化的同时，也开始改变自己传统的习惯特点。"

（4）环境影响

旅游消费移民增加，推动了旅游目的地的开发，在城市建设加速的同时，环境压力也随之增大。除了感受到拥挤以外，也有少数本地人感受到了环境的变化。受访者 I（女，47 岁，公务员）："人流增多，噪声、拥挤等的问题也日益显现。"受访者 D（女，29 岁，公司会计）："环境一如既往，感觉城市建设加快了。"受访者 M（37 岁，餐饮店老板）："房地产商到处建楼，城市绿化率降低，近几年景洪灰尘较大，空气质量下降。"

（5）管理影响

旅游消费移民在对旅游目的地社会、经济、文化、环境造成影响的同时，对当地的管理也提出了挑战。受访者 N（女，28 岁，事业单位职员）："外地人在一定程度上造成景洪交通、公共场合更加拥挤。"受访者 E（女，33 岁，保险公司职员）："经常在公共场合看到外地人与当地人发生争执。"受访者 I（女，47 岁，公务员）："外地人大量涌入导致需求增多，物价上涨；景洪气候好，很多北方人在景洪买房养老，房地产需求增加，房价上涨，外来企业增多的同时也增加了本地的就业机会，更多人开始考虑在本地就业，而不是外出务工。景洪的道路并不宽敞，外地人的大量涌入给景洪的交通带来一定的拥挤，在马路上可以看到越来越多的外地车辆。本地作为傣族自治区，多民族共同生活，除部分风俗习惯不同外，生活习惯也大致相同。景洪是一个旅游城市，我们本地人十分欢迎外地人的到来，但同时希望外地人文明谦虚有礼，尊重当地文化。但有部分人员不遵守当地宗教文化习俗，语言粗俗，行为不当。"

基于相关文献梳理，结合实地调查与访谈情况，本书对旅游消费移民再嵌效应模型进行了总结，如图 4-1 所示。

（二）再嵌效应成因

旅游消费移民主要通过移民结构、移民规模、个体行为对旅游目的地的社会、经济、文化、环境等产生影响。

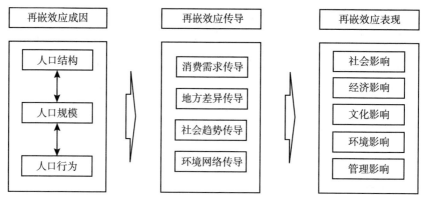

图 4 – 1　旅游消费移民再嵌效应模型

1. 人口结构

（1）自然结构

按照人口的生物学特征，将人口的自然结构主要分为年龄结构和性别结构。旅游消费移民在年龄结构方面特征显著。根据生命周期理论，多数人只有到老年退休期，才能在时间和财富两个方面同时达到相对自主的状态，选择迁移和流动到能够提高自身福利的地方居住。因此，旅游消费移民与普通旅游者的消费需求存在较大差异，旅游消费移民以退休人群为主体，以追求健康、舒适为主要目标，具有重视生活规律、偏好休闲活动等特征。旅游消费移民在直接影响目的地人口年龄构成的同时，通过特定年龄群体的消费需求差异，对旅游目的地造成一定的影响。

（2）社会结构

按照人口社会特征划分，人口的社会结构主要包括民族、宗教、文化等结构。旅游消费移民在经济活动参与角色方面表现出明显特征。旅游消费移民与其他形式的移民最大的区别在于经济活动参与角色的单一性：其他形式的移民或就业或创业，都集生产者和消费者的双重身份于一身，而旅游消费移民身份在一定时间内仅为消费者，在目的地不进行生产性活动。因此，能够负担一定时间长度消费主导的旅居生活的旅游消费移民多属于中产阶级，有良好的经济基础和较强的支付能力，经由消费行为、消费习惯等对旅游目的地造成一定的影响。

（3）地域结构

按照人口居住地区划分，人口的地域结构主要分为城乡结构和区域结构。旅游消费移民在来源区域结构方面表现出明显特征：从世界范围来看，人口多由内陆高纬度地区向沿海低纬度地区迁移；从我国实际情况来看，人口主要由北方内陆地区向南方沿海地区迁移。旅游消费移民由于移民出发地和目的地之间的文化差异，最终通过饮食起居、人际交往等对目的地的社会、文化产生影响。

2．人口规模

旅游消费移民规模反映旅游消费移民人口数量，具有整体性、动态性、可调控性特征。

（1）整体规模

旅游消费移民会对旅游目的地产生不同的影响：一方面，旅游消费移民会增加旅游目的地人口规模，扩大旅游目的地的消费需求，推动资金、信息、技术的流动，在促进目的地经济发展的同时，给目的地带来活力。另一方面，在特定的资源、环境、发展系统中，当一个区域的人口规模超过人口容量，且不及时加以调控的情况下，也会给目的地造成诸多负面影响，如环境污染加重、生活成本增加、管理难度提高、文化变迁加速等。

（2）动态规模

旅游消费移民是动态多变的：季节性移民多集中在夏、冬两季到访旅游目的地；第二居所移民常常选择在目的地房价较低时购入房产，进行不定期旅居，当生活成本或房价上涨到超过预期时，出售房产撤离；而退休移民，往往在退休初期身体健康时频繁访问甚至长时间居住在旅游目的地，而随着年纪增长和健康状况变差逐渐退出移民队伍。旅游消费移民规模的动态性，给旅游目的地管理带来挑战，同时造成移民再嵌效应测度的困难性。

3．人口行为

旅游消费移民是由千万个个体组成的群体，个体受内在思想支配而产生丰富多样的举止行动，汇聚在一起，强度上达到一定水平时，会对旅游目的地造成影响，这种影响又会随行为主体规模的扩大而增强。对旅游目的地产生影响的行为主要分为三类：经济行为、社会行为和环境行为。

（1）经济行为

旅游消费移民与其他形式移民对目的地经济的影响不同，主要表现在两个方面：第一，旅游消费移民因实现了消费与生产的时空分离，在旅游目的地作为单纯的消费者，常常被视为会促进经济繁荣且不会挤占劳动力就业市场的"受欢迎"群体；第二，旅游消费移民的消费能力较强，具有享受型消费特征，会对目的地物价及产业结构造成一定影响。

（2）社会行为

旅游消费移民个体在目的地社会中的行为主要表现为融合、隔离和对立三种类型。融合往往以移民个体开放的个性、包容的心态以及对本地文化的尊重为前提，积极参与目的地社会实践，被目的地居民所接纳，互帮互助，和谐共处；移民个体黏附在移民发生之前建立的社会网络中，不愿意改变，维持流出地习惯，对目的地社会采取旁观态度，这类型移民个体多采取与目的地隔离的行为，因此也会被目的地居民忽视，保持一定距离；思想狭隘僵化、固守流出地传统、自私自利的移民个体行为，会导致与目的地社会的对立，被目的地居民排斥厌恶，产生资源争夺和社会冲突。

（3）环境行为

旅游消费移民产生的主要拉力之一就是目的地优良的环境，因此，相较其他形式的移民，旅游消费移民更加重视目的地环境，更容易产生亲环境行为，但同时也会出于保护或维持环境的目的，可能对目的地居民的发展诉求表达反对或进行阻挠。而从宏观角度来看，移民个体的行为具有自利性与无序性，如果对其缺乏科学引导与管理，也会给旅游目的地环境造成负面的影响，如污染加重、环境破坏等。

（三）再嵌效应传导

根据对旅游消费移民再嵌效应的分析，旅游消费移民再嵌效应主要通

过个人需求、地方差异、社会趋势、环境网络进行传导。

1. 个人需求传导

个人需求传导是旅游消费移民通过个人需求变化对旅游目的地产生的影响，主要包括高端消费需求传导、深度消费需求传导、新式消费需求传导。

（1）高端消费需求传导

相对于旅游目的地来说，旅游消费移民具有更强的消费能力，能够承担更加高端的消费，对高端消费有更强的需求。在高端消费的传导之下，旅游目的地消费产品不断进行升级，对物品价格也会产生一定影响，从而对旅游目的地的消费观念和物价水平产生一定影响。

（2）深度消费需求传导

相对于旅游目的地来说，旅游消费移民希望获得更加深度的消费，而不是浅尝辄止的"走马观花式"旅游，从而影响当地对旅游消费产品的打造。在深度消费的传导之下，旅游目的地消费产品不断被挖掘，对当地人的文化认知、产品认识等均会产生一定影响。

（3）新式消费需求传导

相对于旅游目的地来说，旅游消费移民对于消费产品更加容易"喜新厌旧"，即对旅游产品保持新鲜感的时间更短，这就要求旅游产品有更快的创新周期和更多的创新产品。在新式消费的传导之下，旅游目的地不断利用当地现有产品进行创新，对当地人的传统文化认识、环境保护认识以及旅游产品认识均有一定的影响。

2. 地方差异传导

地方差异传导是旅游消费移民通过地方差异比较对旅游目的地产生的影响，主要包括生活态度差异传导、文化认知差异传导、环境认知差异传导。

（1）生活态度差异传导

生活态度差异传导是由于旅游消费移民在目的地抱持的生活态度与当地居民的生活态度不一致，从而影响当地居民的生活态度。相较于旅游目的地居民来说，旅游消费移民生活态度不相同，更多与旅游者的生活态度相一致，并且由于移民的来源较为广泛，故在生活态度上更加多元。在生活态度差异的传导之下，旅游目的地生活态度也从单一走向多元，生活选择也更加多元，对当地人生活有一定影响。

（2）文化认知差异传导

文化认知差异传导是由于旅游消费移民的文化认知与当地居民的文化认知不一致，从而影响当地居民的文化认知。对于旅游目的地来说，旅游消费移民文化认知存在不同，由于理解文化所具有的重大价值，故而对文化传统的认识与当地有所不同，更愿意保护和恢复当地的传统文化，并愿意对传统文化进行产品包装。在文化认知差异的传导之下，旅游目的地文化认知也会发生一定程度的变化，传统文化的保护意识和价值挖掘逐步得到提升，对当地文化保护和利用有一定影响。

（3）环境认知差异传导

环境认知差异传导是由于旅游消费移民对目的地环境认知与当地居民环境认知不一致，从而影响当地居民的环境认知。对于旅游目的地来说，旅游消费移民对环境质量更为重视，由于了解环境恶劣对生活环境的破坏性影响，故而认识到环境对地方生活的重要性，对旅游目的地环境更为珍惜，对环境保护认识更为强烈。在环境认知差异的传导之下，旅游目的地对当地环境的认识也会发生变化，逐步认识到环境的价值，从而增加对环境的基础性作用认识。

3. 社会趋势传导

社会趋势传导是旅游消费移民通过社会趋势演变对旅游目的地产生的影响，主要包括法治化趋势传导、休闲化趋势传导、共享化趋势传导。

（1）法治化趋势传导

法治化趋势传导是由于旅游消费移民的到来而产生的法治社会加速形成的趋势。对于旅游目的地来说，旅游消费移民有更强的法治意识，对个人权利的维护更为强烈，会积极维护自身的合法权益，故而会加速当地管理的法治化进程，使之更快进入法治化轨道。在法治化趋势的传导之下，旅游目的地对法律的认识也会有所改变，逐步从"法与我无关"转变为

"法与生活密切相关"，从而对旅游目的地的管理产生影响。

（2）休闲化趋势传导

休闲化趋势传导是由于旅游消费移民的到来而产生的休闲社会加快建立的趋势。对于旅游目的地来说，旅游消费移民对休闲的重视程度更高，认为休闲是生活不可分割的一部分，会积极参与到休闲生活的营造和体验当中，加快休闲社区建设的速度。在休闲化趋势的传导之下，旅游目的地对休闲的认识更加深化，对休闲生活的营造更为具体化，为旅游消费移民营造良好的休闲环境，从而对旅游目的地建设产生影响。

（3）共享化趋势传导

共享化趋势传导是由于旅游消费移民的到来而产生的共享社会加快构建的趋势。对于旅游目的地来说，旅游消费移民对共享的认知程度更为深刻，知道城市共享所带来的便利，进而引发旅游目的地共享生活的构建，如老旧房屋的重新利用、文化共享、共享管家等一系列共享方式的构建。在共享化趋势的传导之下，旅游目的地对共享的认识进一步加深，对共享生活的构建更为迫切，并越发认识到共享给人们生活带来的便利，从而对旅游目的地文化建设和管理工作产生影响。

4. 环境网络传导

环境网络传导是旅游消费移民通过环境网络改变对旅游目的地产生的影响，主要包括口碑式网络传导、互动式网络传导、驱动式网络传导。

（1）口碑式网络传导

口碑式网络传导是由于旅游消费移民带来的口碑效应而引起的环境网络变化。对于旅游目的地来说，旅游消费移民的到来是一次免费的营销，其带来的宣传效应将远远超过普通旅游者所带来的形象提升，将会对当地旅游发展带来一次营销上的提升。在口碑式网络的传导之下，旅游消费移民通过自己长时间的亲身体验，将有效地影响人们的旅游选择，进而对旅游目的地的经济发展产生影响。

（2）互动式网络传导

互动式网络传导是由于旅游消费移民带来的互动效应而引起的环境网

络变化。对于旅游目的地来说,旅游消费移民的到来会带来移民者和当地人、移民者和移民者、移民者和旅游者的互动,并将这种互动关系转化为当地的吸引力。在互动式网络的传导之下,旅游消费移民通过与周围的互动,成为旅游目的地的一种吸引因素,提升传统的旅游体验,从而对旅游目的地经济发展产生影响。

(3) 驱动式网络传导

驱动式网络传导是由于旅游消费移民带来的驱动效应而引起的环境网络变化。对于旅游目的地来说,旅游消费移民带来人口与消费的增长,提升了目的地经济活力,增强了投资者对当地的消费预期,为推动经济发展、产业转型升级提供了切实动力。在驱动式网络的传导之下,旅游消费移民的增多将成为旅游目的地发展的一种特殊优势,成为吸引旅游投资的重要因素,将对旅游目的地经济发展产生一定影响。

(四) 再嵌效应表现

借助旅游消费移民再嵌效应的传导,旅游消费移民将会推动消费增加、人口变动和空间分异。其中,消费增加将会对旅游目的地经济发展产生直接影响;人口变动会对旅游目的地社会、文化、管理产生直接影响,对旅游目的地经济和环境产生间接影响;空间分异会对旅游目的地环境产生直接影响。三种影响并不是彼此分割的,而是相互作用的。消费增加会吸引投资者的目光,进一步推动人口变动和空间分异;人口变动会提升外地人的比例,进一步推动消费增加和空间分异;空间分异也会通过不同人群的空间分割,进一步推动人口变动和消费增加。在三者的作用之下,通过对旅游消费移民再嵌效应的调研(见附录 B),得出旅游消费移民再嵌效应存在社会、经济、文化、环境和管理五个方面的影响。

1. 社会影响

通过对旅游目的地的分析,旅游消费移民再嵌效应社会影响主要包括对社区构成、生活方式、保障负担所产生的影响。旅游活动对目的地社会的影响主要体现为对当地社区和居民的影响，在内容上包括居民感知、社区参与、社会结构三个方面。而旅游消费移民活动作为旅游活动的一种独特类型，对目的地社会的影响与传统旅游活动存在明显差异。同时，考虑到指标数据的可获得性，这一维度的影响内容主要包括人口、教育、医疗、就业等与社会发展紧密相关的诸多领域。

（1）人口结构失衡

人口结构失衡是旅游目的地不同年龄段的人群打破原有人口结构平衡。由于旅游消费移民再嵌效应，旅游目的地社会的年龄结构开始变化，甚至出现失衡，即年轻人所占比例有所下降，年龄稍大的人增多。由于旅游消费移民均是具有一定经济实力的人，年龄相对较大，对旅游目的地不同年龄段的结构平衡有所影响。在这种影响之下，旅游目的地人口结构在年龄、性别等方面均可能出现失衡现象，从而影响当地人口。

（2）传统社区破碎

传统社区破碎是由于各类人群的到来使旅游目的地社区的构成变得更为复杂。由于旅游消费移民再嵌效应，旅游目的地聚集了大量来自各地的人口，并吸收接纳这些人口作为社区中的一员，将传统社区转化为由多种人口共同组成的多元化社区，从而导致传统社区破碎。在这种影响之下，旅游目的地传统社区不断被外来人口侵入，原有的社会关系和社区管理模式越来越不适应，普遍朝着多元化方向发展，并逐步向"移民社会"转化。

（3）保障负担加重

保障负担加重是指旅游目的地社会保障负担有所上升。由于旅游消费移民再嵌效应，旅游目的地居住人口数量不断增加，出现社会实际保障能力与需要接受社会保障的群体数量不匹配的情况。由于地方发展的限制，原有的医疗、教育等社会保障能力不能满足旅游目的地的发展，出现"人多保少"的境况。在这种影响之下，旅游目的地社会保障面临保障对象多样、保障需求增强等考验。

2. 经济影响

通过对旅游目的地的分析，旅游消费移民再嵌效应的经济影响主要包括对旅游消费、物价水平、服务岗位所产生的影响。旅游活动对目的地经济的影响主要体现为对当地经济规模、经济结构、经济质量等方面的影响，集中反映的是对经济体系相关要素的作用及作用的结果。相对于旅游者，旅游消费移民在目的地居住时间更长、消费行为更多样、消费力度更大，并且往往伴随着第二房产的购买，因此对经济方面的影响也更为明显和深刻，但是由于旅游消费移民群体难以界定，导致难以定量测度旅游消费移民的经济效应，通过理论分析可以初步将影响范围明确在经济收入、产业结构、物价、地产、投资等领域。

（1）旅游投资增加

旅游投资增加是在旅游消费增加的情况下旅游投资的规模和质量得到提升。由于旅游消费移民再嵌效应，旅游目的地深度旅游消费、高端旅游消费、新式旅游消费等旅游消费得到发展，旅游消费的层次、深度以及规模均会得到一定提升，进而影响旅游投资者对旅游目的地的投资判断。在这种影响之下，目的地旅游投资将会有所上升，旅游投资的规模将会扩大，旅游投资的质量也会有一定程度的提高。

（2）服务岗位增多

服务岗位增多是由旅游消费移民带来的服务需求导致的。由于旅游消费移民再嵌效应，旅游目的地对服务的需求大幅度上升，尤其对高端服务和体验式服务的需求将会提升。在这种影响之下，旅游目的地将会产生大量服务需求，推动服务岗位增多。

（3）物价水平上升

物价水平上升是由旅游消费移民带来的大量消费导致的。由于旅游消费移民再嵌效应，大量外地人口来到旅游目的地长期居住，参与到当地居民的日常生活中，日常用品供需发生转变，进而影响旅游目的地的物价水平。在这种影响之下，旅游目的地物价水平将伴随人口的变化而改变，进而推动物价水平继续抬升。

3. 文化影响

通过对旅游目的地的分析，旅游消费移民再嵌效应文化影响主要包括对文化态度、文化融合、文化创新所产生的影响。旅游活动对目的地文化的影响主要体现在文化变迁、文化交融、文化复兴等方面，本质上是不同文化背景的旅游者和旅游目的地居民互动交流的结果。理论分析已经表明，旅游消费移民在目的地的活动存在居住空间隔离、生产方式变化、交往活动随意等特征，因此现有研究对旅游消费移民文化影响的判断多为消极效应，基于此，可将这一维度影响内容明确在非遗文化、遗址遗迹、传统习俗等领域。

（1）文化态度转变

文化态度转变是指旅游目的地居民对传统文化的保护和利用态度发生转变。由于旅游消费移民再嵌效应，旅游目的地居民逐步认识到传统文化的重要性，并认识到文化过度商业化对传统文化的危害，积极保护传统文化，将文化借助旅游产品发扬光大。在这种影响之下，旅游目的地居民对文化保护和利用的认识更为深刻，从而进一步推动文化态度转变。

（2）文化融合加速

文化融合加速是指旅游目的地文化与其他地区的文化融合速度进一步提升。由于旅游消费移民再嵌效应，旅游目的地传统文化与外部文化的接触更为密切、频繁，可以深入了解文化中的精华和糟粕，便于不同文化进行更加深度的交流。在这种影响之下，旅游目的地传统文化与外部文化相互交融，进一步加速了两者的融合。

（3）文化创新加快

文化创新加快是指旅游目的地借助文化进行创新的速度明显提升。由于旅游消费移民再嵌效应，旅游目的地发现文化创新所带来的巨大价值，逐步采取建立平台、吸引人才等方式，加大对于文化创新的扶持力度，并引进各种创新产品，以带动本地文化产品的发展。在这种影响之下，旅游目的地的文化创新产品如雨后春笋般发展，从而进一步推动文化创新加快。

4. 环境影响

通过对旅游目的地的分析，旅游消费移民再嵌效应的环境影响主要包括对环境认识、环境保护、环境治理所产生的影响。旅游活动对目的地环境的影响主要体现为对环境冲突、环境质量等方面的影响，反映的是旅游游览活动、旅游建设活动过程中产生的负外部性[140]。由于旅游消费移民在目的地的生活节奏相对于传统旅游者更慢，因而这部分群体的游览活动对环境的压力更小，相反，长期的目的地生活有助于宣传先进的环保意识与观念，对环境保护有积极影响；但同时不可忽略的是，旅游消费移民的流入也会增加目的地人口数量，增加环境资源的压力。总体来看，旅游消费移民对环境领域的影响内容主要包括资源消耗、空气污染、环保支出等领域。

（1）环境认识提升

环境认识提升是指旅游目的地居民对当地环境的认识有大幅度提升。由于旅游消费移民再嵌效应，旅游目的地环境优势逐步显现，被世界各地所知晓，并通过口碑效应，传递给周边民众，使当地居民了解到环境所具有的优势，从而产生一种环境自豪感。在这种影响之下，旅游目的地的环境优势被进一步放大，进而提升旅游目的地居民对环境的认识。

（2）环境治理加速

环境治理加速是指为吸引旅游消费移民而加快推进环境治理。由于旅游消费移民再嵌效应，旅游目的地管理者逐步意识到环境对吸引旅游消费移民的重要性，进而采取更加坚决的措施来治理环境，以吸引更多外地人来到这里生活居住。在这种影响之下，管理者为推进旅游消费的发展，增强当地的环境吸引力，故而加速环境治理。

（3）环境空间分异

环境空间分异是指移民社区与当地社区之间的环境出现空间分异。由于旅游消费移民再嵌效应，旅游投资者为旅游消费移民创造了舒适的生活环境，而忽视了对原有居民生活环境的改善，从而出现旅游目的地旅游消费移民社区与当地社区环境存在一定的差异。这种影响导致空间上的差距越来越大，进一步推动了环境空间分异的发展。

5. 管理影响

通过对旅游目的地的分析，旅游消费移民再嵌效应的管理影响主要包括对管理对象、管理方式、管理措施所产生的影响。旅游活动对目的地管理的影响长期以来未受到关注，在部分研究中也可以发现旅游发展对目的地管理方面的影响体现为推动二元管理模式的形成[141]，进而在目标、内容、方式、政策等方面表现出不同影响[143]。旅游消费移民作为一种新的群体在目的地进行定居，势必会对目的地的管理产生复杂的影响，结合前文理论梳理、数据可获得性等可以将影响内容归纳为管理模式、管理内容、管理方式等方面。

（1）管理难度增加

管理难度增加是由于旅游目的地管理的对象复杂化而导致的。由于旅游消费移民再嵌效应，大量高消费人口进入旅游目的地，导致针对高端消费人群的违法犯罪行为也随之上升，如拉客、偷窃等行为。这些行为者以旅游者的身份进入，难以进行有效识别，不仅影响了旅游目的地的治安环境，也影响了旅游目的地的对外形象。在这种影响之下，旅游目的地原有管理环境被打破，导致管理难度持续增加。

（2）管理改革提速

管理改革提速是由于大量懂法律、讲法律的人员的进入导致管理改革进一步加速。由于旅游消费移民再嵌效应，旅游目的地法治化管理思想得以强化，旅游目的地依法行政受到监督，从而加快了旅游目的地法治化建设进程。在这种影响之下，旅游目的地管理者必须提高自身的法律素养，依据法律法规对人口进行管理，从而加速管理改革。

（3）管理成本增加

管理成本增加是由于社区管理环境变化而导致的管理成本上升。由于旅游消费移民再嵌效应，社区构成更为复杂，从而导致大家的利益难以协调，对于公共事务的管理难度有所上升，进而增加管理成本。在这种影响之下，旅游目的地管理者必须耐心沟通，按照规定程序进行管理，正确履行民主评议制度，从而使管理成本进一步增加。

从影响维度来看，由于旅游消费移民再嵌效应具有多元性、深刻性和复杂性，影响领域主要集中在社会、经济、文化、环境、管理五个方面，不同领域本质上反映的是人类活动对社会各方面产生的差异性影响，将这五大领域的影响综合在一起则可以形成对旅游消费移民效应较为全面、系统的认识和判断。

二、测 度 模 型

不同于传统的旅游者流动、定居型人口迁移等行为，旅游消费移民在时间、空间维度上都具有独特的内涵与特征，因此再嵌效应也更为深远持久，因此要分析旅游消费移民再嵌效应，需要在夯实理论基础的同时，应用具有科学性、全面性的概念模型。

（一）测度模型选择

在明确旅游消费移民再嵌效应因素、影响领域、作用关系的基础上，本章运用概念模型的基本思路来构建影响效应分析框架，借鉴环境影响评价领域中的 PSR（压力—状态—响应）模型来研究旅游消费移民再嵌效应。

1. 基本原理

自 1979 年加拿大统计专家拉波特（Rapport）提出 PSR 模型的基本思路之后[143]，经济合作与发展组织（OECD）、联合国环境规划署（UNEP）共同研究、发展并采纳了该模型，作为分析环境领域相关问题的概念框架。经过 40 多年的发展，这一模型被广泛应用于社会、经济、环境等诸多领域。PSR 模型的内在逻辑思路为人类在开发大自然的过程中会对外部环境系统施加各种"压力"，进而影响、干扰环境系统的存在"状态"，最终通过在社会、经济、文化等领域做出"响应"以减缓压力、缓和状态，以推动可持续发展的实现。简单来看，压力尺度反映的是人类活动中的影响因素，状态尺度反映的是外部环境所发生的改变，响应尺度则反映的是各个领域中相关政策的执行程度，三大尺度在理论上能够衡量人类活动与环境影响之间的因果关系。

2. 模型选择

PSR 模型在经过多年的发展之后衍生出多种其他形式，包括 PSRP 模型（压力—状态—响应—潜力）、DSR 模型（驱动力—状态—响应）、DPSIR 模型（驱动力—压力—状态—影响—响应）、DPSRC 模型（驱动力—压力—状态—响应—控制）等。这类模型将完整的系统作用过程分解为不同的时间序列维度，进而反映出相互之间的因果关系，因此得到了广泛的应用与发展。考虑到旅游消费移民再嵌效应研究中的影响因素、总体表现相关数据获取较难，并且使用三维概念模型即可充分解释旅游消费移民再嵌效应，故本书采用 PSR 模型作为理论支撑框架，从影响的作用机理维度切入构建指标体系，以回答发生什么、为何发生、如何应对三个基本问题。

3. 模型应用

总体来看，PSR 模型在旅游研究领域中的应用相对较晚，已有研究多集中于旅游安全评价[144]、协调度评价[145]、系统脆弱性评价[146]等领域，从中可以发现这一模型在旅游研究中也具有较高的适用性，能够在理论上有效地判断旅游活动对外部环境产生的综合影响，因此本书以 PSR 模型为依据来分析旅游消费移民再嵌效应，并据此构建相应的指标体系。

为了进一步将 PSR 模型应用在旅游消费移民再嵌效应分析中，本书借鉴王群等（2019）在评价大别山地区旅游地社会、经济、生态三大维度脆弱性时所采取的思路，将影响维度与理论因果相结合，构建 SEE – PSR 模型[146]。本书将三大维度拓展为五大维度，将脆弱性领域拓展至影响领域，最终形成一个包含五维度、三序列的 SECEM – PSR 模型（见图 4 – 2），作为旅游消费移民再嵌效应指标体系构建的理论基础和支撑。

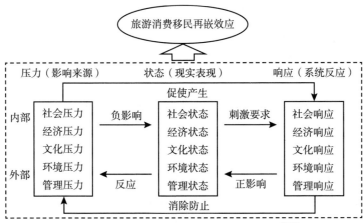

图4-2　旅游消费移民再嵌效应分析框架[147]

（二）测度模型建立

旅游消费移民再嵌效应的影响并不是孤立的，而是受到系统运行规律的干扰和影响（见图4-3），识别不同影响范畴之间的关系与性质有助于进一步理解旅游消费移民再嵌效应的大小与性质，也有助于构建相对应的调控措施与机制。

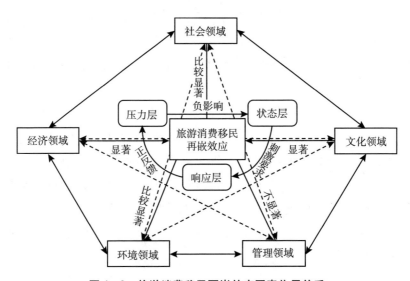

图4-3　旅游消费移民再嵌效应因素作用关系

1. 作用逻辑

旅游消费移民再嵌效应本质上反映的是来自不同文化背景的群体携带着资本、技术等生产要素在目的地发生作用的过程及结果。因此可以初步判断，旅游消费移民对目的地社会的影响最为直接，其次是对经济和环境两大领域的影响，影响反应较缓的则是文化和管理领域。从理论上识别旅游消费移民作用于目的地不同领域的逻辑顺序，能够为不同领域指标的权重系数赋值提供初步的判断与认识。

2. 领域关系

旅游消费移民再嵌效应影响并非是单独、孤立的，不同领域之间存在着错综复杂的相互影响关系。社会、经济、文化、环境、管理相互之间交叉影响，形成了一个复杂的"五角星"模型，每一领域均对其他四大领域存在不同程度的影响，如旅游消费移民通过抬高房价对目的地经济产生影响，这一变动会相应引发一系列社会问题（本地人口外流）、文化问题（传统文化弱化）、环境问题（居住空间景观化）、管理问题（二元模式）等。因此可以发现，由于影响领域之间存在传递性，从理论上完整识别旅游消费移民再嵌效应的内容存在较大困难，这一认识也有助于定性判断具体影响指标的权重系数，为定量分析提供理论基础。

3. 要素关系

旅游消费移民再嵌效应在逻辑上体现为压力、状态、响应三大要素，要素之间的作用关系一定程度上能够反映影响过程的因果关系。在这三大要素中，压力属于对目的地各个领域状态产生负向作用的影响源，反映的是旅游消费移民再嵌效应为什么会对旅游目的地产生影响；状态属于作用承受要素，能够对压力要素产生的作用进行显化，反映的是旅游消费移民再嵌效应对目的地有何影响；响应属于影响应对因素，受到目的地影响状态的刺激，也能够对目的地负面状态起到调节作用，对压力源提供正向的反馈作用。识别要素之间的作用关系有助于准确筛选具体的指标，构建科学的评价指标体系，反映研究案例地最真实的现实情况。

（三）测度模型解释

分析旅游消费移民再嵌效应需要在理论上进一步明晰压力、状态、响应三大因素，从而构建起一个彰显旅游消费移民特征、目的地影响特征的评价指标体系。

1. 压力要素

压力因素是引起目的地各个领域发生变化的直接影响来源，因此是与旅游消费移民直接相关的因素。旅游消费移民中的压力因素再嵌效应方式是"显式"的[147]，如欧洲环境署则使用物质能源消耗状况、污染物排放强度作为环境方面的压力指标[148]。基于这一判断，旅游消费移民对旅游目的地的压力主要反映的是对区域社会、经济、文化、管理、环境等领域产生负面影响的相关因素。

2. 状态因素

状态因素是旅游目的地各个领域在受到旅游消费移民的压力影响后所呈现出的现实状况。现有对状态维度的解析存在两种认识：第一，状态因素显示的是特定区域在一定时间内的综合变化和特征，在环境方面体现为生物因素（如水、土壤等）、自然现象（如温度、湿度等）、化学因素（二氧化碳、二氧化硫等）的数量和质量[148]。第二，王群等在描述经济脆弱性的状态因素时则使用旅游总收入、旅游总收入占比、农牧渔业增加值占比等指标[146]。识别目的地在受到旅游消费移民影响后呈现出的状态，是对目的地综合影响现状及动态变化的检测，是分析压力因素影响作用的逻辑延续，也是识别响应因素的出发点。由于旅游目的地是一个多维的复合系统，因此状态因素也体现在社会、经济、文化、管理、环境等多个领域。

3. 响应因素

响应因素是旅游目的地的个体、组织为了缓解压力因素所产生的负面状态而采取的各项手段、措施。但需要注意的是，旅游目的地中的响应因素既包括正在进行中的措施，也包括因采取措施而产生的各种结果。如为了防止旅游目的地社会脆弱性的扩大，相关学者以地方财政支出、教育支出占比、医院床位数、道路密度等指标作为响应维度的因素总和[146]，另有研究则指出响应措施的主体类型包括政府行为、行业组织行为和旅游企业行为[149]。因此，旅游目的地为了防范旅游消费移民带来的影响，应对措施也主要通过社会、经济、文化、管理、环境等领域来体现。

（四）测度模型应用

对旅游消费移民给目的地造成的综合影响进行评价测度，总体上遵循框架构建、指标筛选、实证分析三大逻辑顺序。

1. 框架构建

基于拓展的 SECEM – PSR 模型构建旅游消费移民对目的地系统影响的分析框架，从理论上明确影响因素、作用机理、影响表现、综合系统反应等内容，为指标体系构建提供科学的理论支撑。

2. 指标筛选

在构建旅游消费移民再嵌效应分析框架的基础上，从社会、经济、文化、环境、管理五个维度和压力、状态、响应三个领域明确核心指标与代理变量，形成一个完整的影响评价指标体系。

3. 实证分析

综合运用层次分析法、障碍度分析法对案例地旅游消费移民再嵌效应进行实证分析，得出总体影响大小、不同维度影响大小，形成对案例地旅游消费移民再嵌效应的科学判断与认识，为调控机制提供依据。在明确旅游消费移民再嵌效应概念模型与分析框架的同时，还需要进一步对具体的影响过程进行解析，进一步提高指标体系的科学性，反映出最真实的影响结果。对旅游消费移民再嵌效应进行解析，需要明确构成 SECEM – PSR 模型的具体因素、影响领域，以及不同因素、领域之间的作用关系。

三、指 标 体 系

在对旅游消费移民再嵌效应要素内涵、基本领域、作用关系进行理论梳理的基础上，基于 SECEM – PSR 模型构建旅游消费移民再嵌效应评价模型，进而对影响大小、影响维度进行实证分析。

（一）基本原则

构建旅游消费移民再嵌效应评价指标体系，需要坚持系统性、层次性、目标性、可度量性四大原则，保证指标体系能够准确、真实地反映出旅游消费移民再嵌效应。

1. 系统性

坚持系统性的原则，构建充分涵盖五大领域、三大要素的指标。研究旅游消费移民对目的地的综合影响，需要关注社会、经济、文化、环境、管理等领域的影响表现，并通过提取恰当的指标以反映现实中的影响表现，按压力、状态、响应的逻辑顺序对具体指标进行分类整理，进而形成一个系统的评价指标体系。

2. 层次性

坚持层次性的基本原则，保证所有具体指标都处在同一维度、层次范围内。旅游消费移民对目的地各个领域均有不同程度的影响，但同时也需要注意到不同领域之间的影响效应存在相互作用关系，在进行指标筛选时应当重点选择与旅游消费移民直接相关的影响层次，保证指标体系的科学性。

3. 目标性

坚持目标性的基本原则，围绕实证研究最终目的进行具体指标筛选。

本书研究目的为评价测度旅游消费移民再嵌效应，因此在研究过程中应当严格基于理论上的分析与思考，围绕研究目标筛选出与旅游消费移民关系最紧密的指标，保证研究目标与研究设计的匹配性。

4. 可度量性

坚持可度量性的基本原则，在契合理论基础的同时保证相关数据能够获得。不同于其他实证研究，旅游消费移民研究的难点在于统计数据难以获得，因此研究在立足理论分析的同时，也需要对相关指标内涵进行转化，最大限度利用统计数据、调查数据对指标进行计算赋值。

（二）指标筛选

在立足上文理论构建的同时，对相关统计数据资料进行查阅分析，坚持系统性、层次性、目标性、可度量性的基本原则，最终构建了包含5个领域、3个层次、50个变量的指标体系（见表4-1）。

表4-1　基于SECEM-PSR模型的旅游消费移民再嵌效应评价指标体系

系统层	准则层	指标层	指标释义	性质
社会影响（SI）	压力（SP）	消费人口压力 V1	旅游消费移民密度（人/平方千米）	正
		流动人口压力 V2	流动人口密度（人/平方千米）	正
		常住人口压力 V3	常住人口密度（人/平方千米）	正
		流动人口教育 V4	流动人口受教育水平（%）	适度
	状态（SS）	城镇就业状态 V5	城镇新增就业人数（人）	逆
		城乡差距状态 V6	城乡收入差距比（%）	正
		社会义务教育 V7	义务教育招生人数（人）	适度
	响应（SR）	政府教育保障 V8	教育支出增长（%）	逆
		社会医疗保障 V9	医疗卫生支出增长（%）	逆
		社会医疗基础 V10	医院床位数（张）	逆

系统层	准则层	指标层	指标释义	性质
经济影响 （EI）	压力 （SP）	区域地产投资 V11	房地产开发投资增长（%）	正
		产业结构变化 V12	第三产业占 GDP 比重（%）	适度
		从事行业情况 V13	流动人口从事住宿餐饮行业的比例（%）	适度
		科学技术影响 V14	每万人发明专利拥有量（件）	逆
	状态 （SS）	旅游经济总量 V15	旅游总收入（亿元）	适度
		旅游产业依赖 V16	旅游总收入占 GDP 比重（%）	适度
		物价水平变动 V17	居民消费价格变动幅度（%）	正
		居民金融影响 V18	住户贷款余额增长（%）	正
	响应 （SR）	经济发展水平 V19	GDP 总量（亿元）	逆
		居民生活水平 V20	人均可支配收入（元）	逆
		资产投资保障 V21	固定资产投资增长（%）	逆
		金融发展速度 V22	金融业增加值增长（%）	逆
文化影响 （CI）	压力 （SP）	市场文化影响 V23	大型旅游文娱演艺中心数量（家）	适度
		外来文化干扰 V24	旅游者数量占常住人口比例（%）	正
		城镇建设影响 V25	城镇化率（%）	正
	状态 （SS）	民族文化现状 V26	少数民族人口占常住人口比例（%）	逆
		文化产品消费 V27	教育文化和娱乐居民消费价格变动幅度（%）	正
		广播电视水平 V28	广播电视人口覆盖率（%）	适度
	响应 （SR）	公共服务水平 V29	公共文化服务机构数量（家）	逆
		文艺惠民保障 V30	艺术表演团体数量（家）	逆
		文化发展投资 V31	文化、体育和娱乐业固定资产投资增长（%）	逆
环境影响 （EtI）	压力 （SP）	消费品消耗 V32	社会消费品零售总额增长（%）	正
		乡村环境压力 V33	乡村总人口（万人）	正
		环境用电压力 V34	用电量增长（%）	正
	状态 （SS）	水资源条件 V35	水资源总量（万立方米）	逆
		森林环境条件 V36	森林覆盖率（%）	逆
		气候环境条件 V37	年降雨量（毫米）	适度

系统层	准则层	指标层	指标释义	性质
环境影响（EtI）	响应（SR）	政府环保重视 V38	节能环保支出增长（%）	逆
		环保工程投入 V39	水利、环境和公共设施管理业固定资产投资增长（%）	逆
		森林环境改善 V40	新增造林面积（亩）	逆
管理影响（MI）	压力（SP）	游客管理压力 V41	旅游者数量（万人次）	正
		人口管理压力 V42	流动人口数量（人）	适度
		养老管理压力 V43	60 岁以上人口数占比（%）	正
	状态（SS）	二元管理模式 V44	3A 级以上景区数量（家）	正
		行业管理水平 V45	住宿和餐饮固定资产投资增长（%）	正
		网络管理条件 V46	固定互联网宽带接入用户（万户）	逆
	响应（SR）	公共管理活动 V47	一般公共预算支出增长（%）	逆
		外部管理依赖 V48	招商引资实际到位金额增长（%）	逆
		社会保障管理 V49	社会保障与就业支出增长（%）	逆

（三）指标解释

对照旅游消费移民指标体系表，对相关指标具体含义及计算方法进行解释说明。

1. 社会影响指标

（1）消费人口压力

使用旅游消费移民密度进行衡量，表征旅游消费移民给目的地社会带来的压力，由于缺乏相关统计数据，本书主要基于已有调查数据进行计算。

$$V1 = \frac{区域常住人口 \times \left(1 - \dfrac{拆迁搬家 + 出生 + 家属随迁 + 婚姻嫁娶 + 经商 + 务工/工作}{调查样本总量}\right)}{区域面积}$$

（2）流动人口压力

使用流动人口密度进行衡量，表征流动人口给目的地社会造成的压力，旅游消费移民属于流动人口的统计范畴，流动人口密度越大，对目的地社会的潜在影响也就越大。

（3）常住人口压力

使用常住人口密度进行衡量，表征常住人口给目的地社会造成的压力，常住人口密度越大，对目的地社会的潜在影响越大。

（4）流动人口教育

使用流动人口教育水平进行衡量，流动人口教育水平应当保持在适度水平，迁入群体教育水平过高会加速绅士化[38]，过低也会对目的地社会产生负面影响。计算公式如下：

$$V5 = \frac{大学本科 + 大学专科}{调查样本总量}$$

（5）城镇就业状态

使用城镇新增就业人数进行衡量，旅游消费移民会为目的地创造更多的就业机会，就业人数越多，说明外来移民对目的地就业市场的负面影响程度越低。

（6）城乡差距状态

使用城乡收入差距比进行衡量，旅游消费移民迁入目的地在一定程度上能够提高城镇居民收入水平，进而扩大城乡收入差距，对目的地社会发展产生负面影响。

（7）社会义务教育

使用义务教育招生人数进行衡量，旅游消费移民迁入目的地往往会面临子女教育问题，九年义务教育招生人数在一定程度上能够反映这一现实情况。

（8）政府教育保障

使用教育支出增长率进行衡量，目的地教育支出增长越快，说明目的地对教育重视程度越高，越能够调节旅游消费移民增加带来的教育压力。

（9）社会医疗保障

使用医疗卫生支出增长率进行衡量，医疗卫生支出增长越快，说明目的地应对旅游消费移民健康风险的能力越强。

（10）社会医疗基础

使用医院床位数进行衡量，目的地医院床位数越多，说明医疗基础设施越健全，越能够满足旅游消费移民的医疗需求。

2. 经济影响指标

（1）区域地产投资

使用房地产开发投资增长率进行衡量，旅游消费移民的流入通常伴随着第二房产的购买，房地产开发投资增长率越高，对目的地经济的影响也就越强。

（2）产业结构变化

使用第三产业占 GDP 比重进行衡量，旅游消费移民的迁入会使目的地产业结构出现服务化的趋势，进而影响地区经济增长。

（3）从事行业情况

使用流动人口从事住宿餐饮行业的比例进行衡量，旅游消费移民迁入目的地会推动相关行业的从业人数变化，从事行业的差异会对目的地经济增长产生影响。

（4）科学技术影响

使用每万人发明专利拥有量进行衡量，旅游消费移民的迁入会带来资本、技术、管理等生产要素，进而影响目的地的整体科技水平。

（5）旅游经济总量

使用旅游总收入进行衡量，旅游消费移民的增加会带动目的地旅游产业发展，进而作用于旅游总收入层面。

（6）旅游产业依赖

使用旅游总收入占 GDP 比重进行衡量，该指标说明了目的地对旅游产业的依赖和重视程度。

（7）物价水平变动

使用居民消费价格变动幅度进行衡量，旅游消费移民的增加会对目的地物价产生影响，物价变动幅度越大，说明影响越大。

（8）居民金融影响

使用住户贷款余额增长率进行衡量，旅游消费移民迁入在一定程度上会挤占目的地居民的居住空间，进而反映在住户贷款层面。

（9）经济发展水平

使用GDP进行衡量，经济发展水平越高，对旅游消费移民再嵌效应的调控力就越强。

（10）居民生活水平

使用人均可支配收入进行衡量，居民人均可支配收入越高，应对旅游消费移民再嵌效应的能力越高。

（11）资产投资保障

使用固定资产投资增长率进行衡量，固定资产投资增长快，说明目的地经济发展环境不断优化。

（12）金融发展速度

使用金融业增加值增长率进行衡量，表征目的地金融环境基本概况。

3. 文化影响指标

（1）市场文化影响

使用大型旅游文娱演艺中心数量进行衡量，作为面向外地旅游者的平台机构，将演艺中心数量控制在适度范围，有助于提升文化产品质量，降低对本地传统文化的影响。

（2）外来文化干扰

使用旅游者数量占常住人口比例进行衡量，旅游者作为外来文化的传播载体，其数量规模会对本地文化产生影响。

（3）城镇建设影响

使用城镇化率进行衡量，旅游消费移民会对目的地城镇化产生一定影响，进而使本地文化遗产面临损坏风险。

（4）民族文化现状

使用少数民族人口占常住人口的比例进行衡量，反映的是目的地少数民族文化的丰富性。

（5）文化产品消费

使用教育文化和娱乐居民消费价格变动幅度进行衡量，反映的是旅游消费移民对目的地文化消费价格的影响。

（6）广播电视水平

使用广播电视人口覆盖率进行衡量，反映的是目的地娱乐生活的便利性与普及性。

（7）公共服务水平

使用公共文化服务机构数量进行衡量，公共文化服务机构数量越多，满足居民基本文化需求的能力越强。

（8）文艺惠民保障

使用艺术表演团体数量进行衡量，艺术表演团体数量越多，目的地文化氛围越浓厚。

（9）文化发展投资

使用文化、体育和娱乐业固定资产投资增长率进行衡量，投资增长越快，应对旅游消费移民的文化压力能力越强。

4. 环境影响指标

（1）消费品消耗

使用社会消费品零售总额增长率进行衡量，旅游消费移民的增加会增加社会消费品零售总额，进而使自然环境承受更高的压力。

（2）乡村环境压力

使用乡村总人口进行衡量，旅游消费移民向目的地乡村的移民会增加地区人口数量，进而使乡村环境更加脆弱。

（3）环境用电压力

使用用电量增长率进行衡量，旅游消费移民的增加会对目的地用电量施加压力。

（4）水资源条件

使用水资源总量进行衡量，旅游消费移民的增加会使目的地水资源总量发生变化。

（5）森林环境条件

使用森林覆盖率进行衡量，旅游消费移民迁入伴随着各种开发建设活动，进而对森林环境条件产生影响。

（6）气候环境条件

使用年降雨量进行衡量，反映旅游消费移民对目的地气候的影响。

（7）政府环保重视

使用节能环保支出增长率进行衡量，节能环保支出增长越快，应对环境变化的能力越强。

（8）环保工程投入

使用水利、环境和公共设施管理业固定资产投资增长率进行衡量，该领域投资增长越快，环境保护力度越高。

（9）森林环境改善

使用新增造林面积进行衡量，反映的是目的地森林环境的改善程度。

5. 管理影响指标

（1）游客管理压力

使用旅游者数量进行衡量，旅游者数量越多意味着目的地管理难度越大。

（2）人口管理压力

使用流动人口数量进行衡量，流动人口数量在一定程度上能够反映出旅游消费移民的规模。

（3）养老管理压力

使用60岁以上人口数占比进行衡量，老年人口越多，目的地社会保障压力越大。

（4）二元管理模式

使用3A级以上景区数量进行衡量，旅游景区与普通居民生活区的巨大差异形成二元管理模式，A 级旅游景区越多，管理差异越明显。

（5）行业管理水平

使用住宿和餐饮业固定资产投资增长率进行衡量，一定程度上能够反映旅游业的行业管理水平。

（6）网络管理条件

使用固定互联网宽带接入用户数量进行衡量，网络管理条件越优，通过二元管理模式应对旅游消费移民压力的能力越强。

（7）公共管理活动

使用一般公共预算支出增长率进行衡量，政府管理活动的经济行为能够有效调控旅游消费移民带来的影响。

（8）外部管理依赖

使用招商引资实际到位金额进行衡量，反映的是对外部管理技术的依赖程度。

（9）社会保障管理

使用社会保障与就业支出进行衡量，反映的是政府在社会保障管理方面所采取的经济行为。

————————————第五章————————————

旅游消费移民再嵌效应测度

本章基于 SECEM – PSR 模型解析了旅游消费移民再嵌效应，并以此为依据构建了评价指标体系，实证分析旅游消费移民对目的地社会、经济、文化、环境、管理的影响效应。在此背景下，选取云南省西双版纳傣族自治州景洪市为案例地，检验评价指标体系的科学性和有效性。

一、区 域 选 择

根据 2007 ~ 2017 年景洪市旅游观光类暂住人口统计数据（在具体统计实践中，旅游消费移民被统计为旅游观光类暂住人口），旅游消费移民在景洪市已经呈现出爆发趋势，其再嵌效应也有一定程度的显现，具体原因从区域概况、经济基础、旅游发展三个角度展开分析。

（一）区域概况

景洪市位于云南省西双版纳傣族自治州中部，东接勐腊县，西邻勐海县，南靠缅甸，北近普洱市，市域总面积 6867 平方千米。作为云南省旅游资源最为丰富、独特的县级市之一，景洪市目前有西双版纳原始森林公园（4A）、曼听公园（4A）、野象谷景区（4A）、热带花卉园（4A）、傣族园

（4A）等 11 个国家 A 级旅游景区，4A 景区数量在全省县级市排名第一。
在优质旅游资源与优越气候条件的作用下，景洪市也成为国内外热门的旅
游目的地，相关调研数据表明，景洪市 80% 的购房者是外地人，可以发现
旅游消费移民正不断向景洪市流动聚集，因此本书选择景洪市作为案例地
来测度旅游消费移民再嵌效应；同时，景洪市的旅游消费移民构成类型较
为丰富，具有"一地多类"的典型特征，旅游退休移民、季节性旅游移
民、第二居所移民等类型均在景洪市有所体现。因此综合来看，景洪市具
有作为研究案例的代表性与典型性。

（二）经济基础

对景洪市的经济基础进行分析比较有助于认识旅游消费移民的宏观背
景条件，能够为后续研究提供一定的现实支撑。

1. 纵向分析

由图 5 - 1 可以发现，2005～2019 年，景洪市全市生产总值（GDP）
总体上呈现出持续增长态势，从 2005 年的 43.12 亿元增长至 2019 年的
294.83 亿元，年平均增长率 14.68%，增长速度整体加快。在景洪市三次
产业构成中，第一产业占比呈现平稳下降态势，从 2005 年的 30.32% 下降
至 2019 年的 15.90%，说明农业产业在景洪市国民经济中的地位越来越
低；第二产业占比呈现小幅波动趋势，说明第二产业对景洪市国民经济增
长的贡献较为稳定；第三产业则整体上表现出快速增长态势，从 2005 年的
44.59% 增长至 2019 年的 58.61%，其在国民经济中的重要地位日益巩固。
系列数据表明，景洪市是典型的依靠第三产业发展推动经济增长的行政
区，产业结构呈现出明显的服务化倾向，这一初步认识也反映出景洪市作
为云南省重要旅游目的地的产业优势，也能进一步说明旅游消费移民的经
济影响。

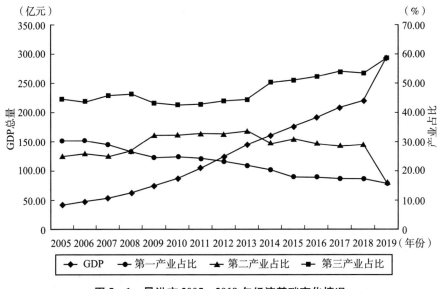

图 5 - 1　景洪市 2005~2019 年经济基础变化情况

2. 横向比较

通过对 2019 年云南省县级市的基本经济数据进行分析可以发现（见图 5 - 2），在 18 个县级市里，安宁市的 GDP 最高，达到 575.14 亿元，泸水市的 GDP 最低，为 70.85 亿元，而景洪市 GDP 排名第九，处于中间层次，为 294.83 亿元。相对于其他县级市而言，景洪市 GDP 并不具备明显的比较优势，主要是因为景洪市的工业、制造业较为薄弱，难以对经济发展产生强劲的助推作用。从第三产业构成来看，安宁市第三产业占比仅为 33.8%，在 18 个县级市中处于倒数第二，瑞丽市第三产业占比最高，达到 73.79%，景洪市仅次于瑞丽市、澄江市、芒市、大理市等知名旅游目的地，达到 58.61%，在 18 个县级市中排名第五，这一数据进一步说明了景洪市产业结构的高度服务化趋势。

（三）旅游发展

旅游消费移民在很大程度上是由于旅游者的流动所产生，因此目的地的旅游发展程度也能够反映出旅游消费移民的基本现状。

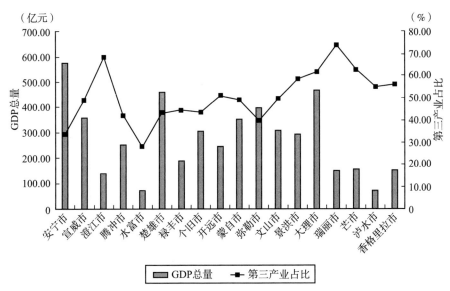

图 5 - 2 云南省县级市 2019 年经济基础现状

1. 纵向分析

如图 5 - 3 所示，2005～2019 年，景洪市旅游产业呈现出迅猛的增长态势，在国民经济中的支柱地位也持续稳定。通过相关数据可以发现，景洪市旅游总收入从 2005 年的 19.38 亿元增长至 2019 年的 597.99 亿元，年均增长速度达 25.77%，GDP 占比也由 2005 年的 44.94% 增长至 2019 年的 202.83%，旅游产业支撑景洪市经济增长的作用越来越明显；相应地，景洪市旅游总人次从 2005 年 235.16 万增长至 2019 年的 2682.23 万，年均增长率达 18.01%，与常住人口之间的比例也由 2015 年的 499.38% 增长至 4897.26%。景洪市旅游产业的动态时序数据说明了其旅游发展速度，同时也从侧面反映出了旅游经济、旅游客流对景洪市的潜在影响。

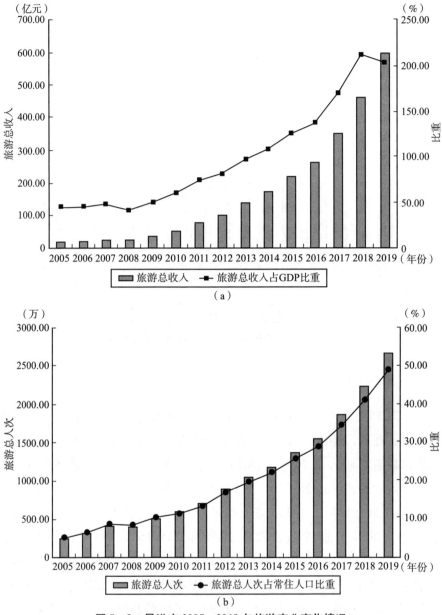

图 5－3　景洪市 2005～2019 年旅游产业变化情况

2. 横向对比

如图 5－4 所示，对云南省县级市 2018 年旅游发展基本情况进行分析可以发现，景洪市 2018 年旅游总收入达到 464.9 亿元，在 17 个县级市中处于首位，与地区生产总值之间的比例为 211.66%，也处于全省第一，说明景洪市旅游产业高度发达；相应地，景洪市 2018 旅游总人次达到 2235 万，同样位居全省首位，而与地区常住人口之间的比例则低于香格里拉市、水富市，位居全省第三，主要原因在于香格里拉市和水富市地形复杂，常住人口相对较少。总体来看，景洪市各项指标均表明其旅游产业在全省范围内都处于相对优势地位，原因如下：一方面，景洪市拥有大量优质的旅游资源，自 2005 年起，景洪市 4A 级景区数量在全省范围处于第一位，目前共有 8 个 4A 级景区，远超省内同级别其他地区，因此对旅游者具有较大的吸引力；另一方面，景洪市服务业也高度发达，自 2005 年起便在国民经济中处于优势地位，服务业的发达为景洪市旅游发展提供了完善的基础设施条件，也推动了旅游业的快速发展。伴随着旅游业的高速发展，其优越的气候条件、浓郁的文化氛围，使越来越多的旅游者在先前旅游经历的基础上选择移民进入景洪市进行定期或不定期居民，进而对景洪市社会、经济、文化、环境、管理等诸多领域产生了不同的影响，故而研究以景洪市作为案例地来实证探讨旅游消费移民再嵌效应。

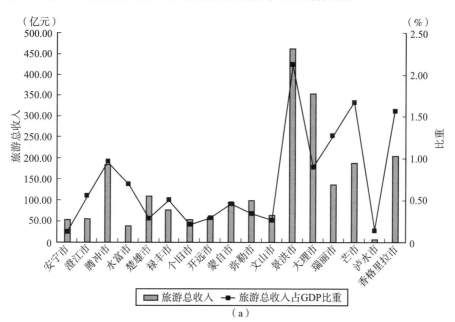

（a）

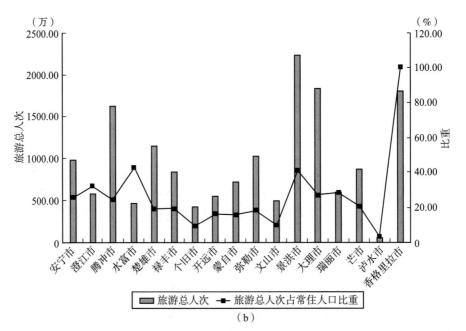

图 5-4　云南省县级市 2018 年旅游产业现状

注：2019 年数据存在缺失，故采用 2018 年数据进行对比分析；宣威市数据缺失，故省去。

二、研究方法

在选择景洪市为案例地的基础上，综合运用相关研究方法评价景洪市旅游消费移民再嵌效应程度，实现理论分析与实证评价的有机统一。

（一）方法介绍

本书的研究采用多指标影响风险综合性指数、影响风险等级划分、障碍度模型展开分析。

1. 多指标影响风险指数

研究使用极差法对正向指标、负向指标进行标准化处理，对于适度指标则采取模糊隶属度方法进行处理[150]，在此基础上综合采用层次分析法、综合指数法构建景洪市多指标影响风险指数，评价旅游消费移民对景洪市的影响风险大小与分布。

正向指标：
$$X'_{ij} = \frac{x_{ij} - \min(x_{ij})}{\max(x_{ij}) - \min(x_{ij})}$$

负向指标：
$$X'_i = \frac{\max(x_{ij}) - x_{ij}}{\max(x_{ij}) - \min(x_{ij})}$$

适度指标：
$$X'_{ij} = \begin{cases} 2[x_{ij} - \min(x_{ij})] / [\max(x_{ij}) - \min(x_{ij})] & \min(x_{ij}) < x_{ij} < x_0 \\ 0 & x_{ij} \geq \max(x_{ij}) \ \ \text{或} \ x_{ij} \leq \min(x_{ij}) \\ 2[\max(x_{ij}) - x_{ij}] / [\max(x_{ij}) - \min(x_{ij})] & x_0 - x_{ij} < \max(x_{ij}) \end{cases}$$

其中，X'_{ij}是指景洪市第 i 年第 j 个指标经过标准化处理后的数值，x_{ij}是指景洪市各项指标原始数据数值，$\max(x_{ij})$、$\min(x_{ij})$ 分别指景洪市原始数据的最大值和最小值，x_0是指景洪市原始数据适度值（均值）。

在数据处理的基础上，采取层次分析法计算各个层次指标权重，构建旅游消费移民再嵌效应评价指标体系权重集。

系统层权重集：$W_{aj} = \{ w_{a1}, \ w_{a2}, \ w_{a3} \}$

准则层权重集：$W_{bj} = \{ w_{b1}, \ w_{b2}, \ \cdots, \ w_{b15} \}$

指标层权重集：$W_{cj} = \{ w_{c1}, \ w_{c2}, \ \cdots, \ w_{c49} \}$

在建立评价指标体系权重集的基础上，构建旅游消费移民再嵌效应指数：

单指标影响风险指数：$S_{ij} = X'_{ij} \times W_j$

第 i 年多指标影响风险指数：$S_i = \sum\limits_{j}^{n} S_{ij}$

其中，n 表示指标数量。

2. 影响风险评价

旅游消费移民再嵌效应风险指数计算值介于 [0，1] 之间，数值越大说明旅游消费移民对景洪市的影响风险越大，目的地系统发生紊乱的可能性越高（见表 5 - 1）。

表 5 - 1　　　　　　　　旅游消费移民再嵌效应风险评价标准

总体分析				维度分析	
指数	等级	程度	状态	比较	描述
(0, 0.2]	Ⅰ	低风险	潜在	$\max(SI, EI, CI, EtI, MI) = SI$	潜在型社会风险主导
				$\max(SI, EI, CI, EtI, MI) = EI$	潜在型经济风险主导
				$\max(SI, EI, CI, EtI, MI) = CI$	潜在型文化风险主导
				$\max(SI, EI, CI, EtI, MI) = EtI$	潜在型环境风险主导
				$\max(SI, EI, CI, EtI, MI) = MI$	潜在型管理风险主导
(0.2, 0.4]	Ⅱ	较低风险	初显	$\max(SI, EI, CI, EtI, MI) = SI$	初显型社会风险主导
				$\max(SI, EI, CI, EtI, MI) = EI$	初显型经济风险主导
				$\max(SI, EI, CI, EtI, MI) = CI$	初显型文化风险主导
				$\max(SI, EI, CI, EtI, MI) = EtI$	初显型环境风险主导
				$\max(SI, EI, CI, EtI, MI) = MI$	初显型管理风险主导
(0.4, 0.6]	Ⅲ	中风险	累积	$\max(SI, EI, CI, EtI, MI) = SI$	累积型社会风险主导
				$\max(SI, EI, CI, EtI, MI) = EI$	累积型经济风险主导
				$\max(SI, EI, CI, EtI, MI) = CI$	累积型文化风险主导
				$\max(SI, EI, CI, EtI, MI) = EtI$	累积型环境风险主导
				$\max(SI, EI, CI, EtI, MI) = MI$	累积型管理风险主导
(0.6, 0.8]	Ⅳ	较高风险	冲突	$\max(SI, EI, CI, EtI, MI) = SI$	冲突型社会风险主导
				$\max(SI, EI, CI, EtI, MI) = EI$	冲突型经济风险主导
				$\max(SI, EI, CI, EtI, MI) = CI$	冲突型文化风险主导
				$\max(SI, EI, CI, EtI, MI) = EtI$	冲突型环境风险主导
				$\max(SI, EI, CI, EtI, MI) = MI$	冲突型管理风险主导
(0.8, 1]	Ⅴ	高风险	对抗	$\max(SI, EI, CI, EtI, MI) = SI$	对抗社会风险主导
				$\max(SI, EI, CI, EtI, MI) = EI$	对抗型经济风险主导
				$\max(SI, EI, CI, EtI, MI) = CI$	对抗型文化风险主导
				$\max(SI, EI, CI, EtI, MI) = EtI$	对抗型环境风险主导
				$\max(SI, EI, CI, EtI, MI) = MI$	对抗型管理风险主导

3. 障碍度模型

为了探究不同指标对目的地风险的影响程度，本书的研究使用障碍度模型计算不同指标的障碍度大小，在此基础上通过障碍度排序来明确影响目的地风险的主要障碍因子。计算公式如下：

$$O_{ij} = \frac{X'_{ij} \times W_j}{\sum\limits_j^n X'_{ij} \times W_j} \times 100\%$$

其中，O_{ij} 为第 i 年第 j 个指标的障碍度大小，X'_{ij} 为景洪市原始数据经过标准化处理后的值，W_j 为指标权重系数。

（二）数据处理

在对景洪市旅游消费移民五大领域、三大维度所需数据进行收集的基础上，遵循严格的研究方法对相关数据进行处理。研究选择景洪市作为案例地进行分析，并以 2015～2017 年的数据开展影响评价测度，相关基础数据主要来自《景洪市国民经济和社会发展统计公报》《西双版纳州统计年鉴》《云南统计年鉴》《云南省流动人口动态监测调查数据》等，在此基础上根据指标需要再按照相关公式进行计算，最终形成研究所需原始数据，在获取原始数据之后，使用极差法、模糊隶属度法对原始数据进行标准化处理。

（三）权重计算

采用层次分析法对旅游消费移民再嵌效应评价指标体系进行赋权，主要通过构造判断矩阵、计算权重系数、进行一致性检验三大步骤完成。

1. 构造判断矩阵

在前文构建的评价指标体系基础上，严格遵循层次分析法的操作步骤构建包括三个层次的判断矩阵。构建判断矩阵的目的在于对评价指标进行两两比较，根据两个指标之间的相对重要性程度进行打分（1~9分），重要性判断的依据主要为理论分析、已有文献、专家咨询。判断矩阵公式如下：

$$M = \begin{cases} m_{11} & m_{12} & m_{13} & \cdots & m_{1n} \\ m_{21} & m_{22} & m_{23} & \cdots & m_{2n} \\ m_{31} & m_{32} & m_{33} & \cdots & m_{3n} \\ \cdots & \cdots & \cdots & \cdots & \cdots \\ m_{n1} & m_{n2} & m_{n3} & \cdots & m_{nn} \end{cases}$$

其中，n 是评价指标数量，$m_{11} = m_{22} = m_{33} = \cdots = m_{nn} = 1$，$m_{ij} = 1/m_{ji}$。

（1）第一层次判断矩阵

第一层次判断矩阵包括社会、经济、文化、环境、管理五大领域（见表 5 - 2）。

表 5 - 2 　　　　　　旅游消费移民再嵌效应五大领域判断矩阵（M_1）

领域	社会领域	经济领域	文化领域	环境领域	管理领域	W_i
社会领域	1	0.3333	0.3333	2	5	0.1741
经济领域	3	1	2	4	5	0.4011
文化领域	3	0.5	1	3	3	0.2631
环境领域	0.5	0.25	0.3333	1	0.5	0.0751
管理领域	0.2	0.2	0.3333	2	1	0.0865

（2）第二层次判断矩阵

第二层次判断矩阵包括社会、经济、文化、环境、管理五大领域下一级层次的压力、状态、响应三大维度（见表 5 - 3 至表 5 - 7）。

表 5 - 3 　　　　　　　旅游消费移民社会影响判断矩阵（M_2）

维度	压力	状态	响应
压力	1	3	3

续表

维度	压力	状态	响应
状态	0.3333	1	0.5
响应	0.3333	2	1

表 5 – 4　　　　　旅游消费移民经济影响判断矩阵（M_3）

维度	压力	状态	响应
压力	1	0.3333	3
状态	3	1	5
响应	0.3333	0.2	1

表 5 – 5　　　　　旅游消费移民文化影响判断矩阵（M_4）

维度	压力	状态	响应
压力	1	5	3
状态	0.2	1	0.3333
响应	0.3333	3	1

表 5 – 6　　　　　旅游消费移民环境影响判断矩阵（M_5）

维度	压力	状态	响应
压力	1	0.5	0.25
状态	2	1	0.3333
响应	4	3	1

表 5 – 7　　　　　旅游消费移民管理影响判断矩阵（M_6）

维度	压力	状态	响应
压力	1	0.5	0.5
状态	2	1	2
响应	2	0.5	1

（3）第三层次判断矩阵

第三层次判断矩阵包括社会、经济、文化、环境、管理五大领域，压力、状态、响应三大维度下的具体指标（见表5-8至表5-22）。

表5-8　　　　　旅游消费移民社会压力判断矩阵（M_7）

指标	消费人口压力	流动人口压力	常住人口压力	流动人口教育
消费人口压力	1	4	5	5
流动人口压力	0.25	1	3	3
常住人口压力	0.2	0.3333	1	0.5
流动人口教育	0.2	0.3333	2	1

表5-9　　　　　旅游消费移民社会状态判断矩阵（M_8）

指标	城乡收入差距	社会义务教育	城镇就业状态
城乡收入差距	1	2	0.5
社会义务教育	0.5	1	0.5
城镇就业状态	2	2	1

表5-10　　　　　旅游消费移民社会响应判断矩阵（M_9）

指标	政府教育保障	社会医疗保障	社会医疗基础
政府教育保障	1	0.25	0.5
社会医疗保障	4	1	2
社会医疗基础	2	0.5	1

表5-11　　　　　旅游消费移民经济压力判断矩阵（M_{10}）

指标	区域地产投资	产业结构变化	从事行业影响	科学技术影响
区域地产投资	1	4	3	5
产业结构变化	0.25	1	2	3
从事行业影响	0.3333	0.5	1	2
科学技术影响	0.2	0.3333	0.5	1

表 5 – 12 旅游消费移民经济状态判断矩阵（M_{11}）

指标	旅游产业依赖	物价水平变动	旅游经济总量	居民金融影响
旅游产业依赖	1	2	4	3
物价水平变动	0.5	1	1	3
旅游经济总量	0.25	1	1	1
居民金融影响	0.3333	0.3333	1	1

表 5 – 13 旅游消费移民经济响应判断矩阵（M_{12}）

指标	经济发展水平	居民生活水平	资产投资保障	金融发展速度
经济发展水平	1	1	0.3333	3
居民生活水平	1	1	0.5	3
资产投资保障	3	2	1	4
金融发展速度	0.3333	0.3333	0.25	1

表 5 – 14 旅游消费移民文化压力判断矩阵（M_{13}）

指标	外来文化干扰	城镇建设影响	市场文化影响
外来文化干扰	1	5	6
城镇建设影响	0.2	1	0.5
市场文化影响	0.1667	2	1

表 5 – 15 旅游消费移民文化状态判断矩阵（M_{14}）

指标	民族文化现状	文化产品消费	广播电视水平
民族文化现状	1	2	2
文化产品消费	0.5	1	2
广播电视水平	0.5	0.5	1

表 5 – 16 　　　　　旅游消费移民文化响应判断矩阵 （M_{15}）

指标	公共服务水平	文化惠民保障	文化发展投资
公共服务水平	1	3	3
文化惠民保障	0.3333	1	0.5
文化发展投资	0.3333	2	1

表 5 – 17 　　　　　旅游消费移民环境压力判断矩阵 （M_{16}）

指标	消费品消耗	乡村环境压力	环境用电压力
消费品消耗	1	0.5	0.3333
乡村环境压力	2	1	0.3333
环境用电压力	3	3	1

表 5 – 18 　　　　　旅游消费移民环境状态判断矩阵 （M_{17}）

指标	水资源总量	森林环境条件	气候环境条件
水资源总量	1	0.25	0.3333
森林环境条件	4	1	3
气候环境条件	3	0.3333	1

表 5 – 19 　　　　　旅游消费移民环境响应判断矩阵 （M_{18}）

指标	政府环保重视	环保工程投入	森林环境改善
政府环保重视	1	5	4
环保工程投入	0.2	1	2
森林环境改善	0.25	0.5	1

表 5 – 20 　　　　　旅游消费移民管理压力判断矩阵 （M_{19}）

指标	游客管理压力	人口管理压力	养老管理压力
游客管理压力	1	3	2
人口管理压力	0.3333	1	1
养老管理压力	0.5	1	1

表 5-21　　　　　旅游消费移民管理状态判断矩阵（M_{20}）

指标	二元管理模式	行业管理水平	网络管理条件
二元管理模式	1	2	3
行业管理水平	0.5	1	3
网络管理条件	0.3333	0.3333	1

表 5-22　　　　　旅游消费移民管理响应判断矩阵（M_{21}）

指标	公共管理活动	外部管理依赖	社会保障管理
公共管理活动	1	0.3333	0.25
外部管理依赖	3	1	0.5
社会保障管理	4	2	1

2. 计算权重系数

采用幂法计算公式可以得出每个判断矩阵的相对权重系数：

$$\overline{W_{ij}} = \frac{\sqrt[n]{\prod_{j=1}^{n} M_{ij}}}{\sum_{i=a}^{c} \sqrt[n]{\prod_{j=1}^{n} M_{ij}}}$$

进而得出以下权重系数集：

第一层次权重系数集：$\overline{W_a} = \{0.1741, 0.4011, 0.2631, 0.0751, 0.0865\}$

第二层次权重系数集：$\overline{W_b} = \left\{ \begin{array}{lll} 0.5889, & 0.1593, & 0.2519 \\ 0.2605, & 0.6333, & 0.1062 \\ 0.6333, & 0.1062, & 0.2605 \\ 0.1373, & 0.2395, & 0.6232 \\ 0.1976, & 0.4905, & 0.3119 \end{array} \right\}$

第三层次权重系数集：$\overline{W_{c1}} = \left\{ \begin{array}{llll} 0.5732, & 0.2291, & 0.0809, & 0.1168 \\ & 0.3119, & 0.1976, & 0.4905 \\ & 0.1429, & 0.5714, & 0.2857 \end{array} \right\}$

$$\overline{W_{c2}} = \left\{ \begin{matrix} 0.5406, & 0.2230, & 0.1521, & 0.0843 \\ 0.4720, & 0.2472, & 0.1547, & 0.1262 \\ 0.2127, & 0.2327, & 0.4669, & 0.0878 \end{matrix} \right\}$$

$$\overline{W_{c3}} = \left\{ \begin{matrix} 0.7189, & 0.1127, & 0.1684 \\ 0.4905, & 0.3119, & 0.1976 \\ 0.5889, & 0.1593, & 0.2519 \end{matrix} \right\}$$

$$\overline{W_{c4}} = \left\{ \begin{matrix} 0.1593, & 0.2519, & 0.5889 \\ 0.1199, & 0.6080, & 0.2721 \\ 0.6768, & 0.1925, & 0.1307 \end{matrix} \right\}$$

$$\overline{W_{c5}} = \left\{ \begin{matrix} 0.5485, & 0.2106, & 0.2409 \\ 0.5247, & 0.3338, & 0.1416 \\ 0.1226, & 0.3202, & 0.5571 \end{matrix} \right\}$$

根据三大层次的相对权重可以计算出评价指标体系的组合权重，计算公式如下：

$$W_j = \overline{W_j} \times \overline{W_{j-1}} \times \overline{W_{j-2}} \times \cdots \times \overline{W_k}$$

其中，k 表示指标体系的层数，计算结果如表 5 - 23 所示。

表 5 - 23　　　旅游消费移民再嵌效应评价指标体系组合权重系数

系统层	准则层	指标层	权重（W_j）
社会影响（SI） 0.1741	压力（SP） 0.1025	消费人口压力 V1	0.0588
		流动人口压力 V2	0.0235
		常住人口压力 V3	0.0083
		流动人口教育 V4	0.0120
	状态（SS） 0.0277	城镇就业状态 V5	0.0136
		城乡差距状态 V6	0.0087
		社会义务教育 V7	0.0055
	响应（SR） 0.0439	政府教育保障 V8	0.0063
		社会医疗保障 V9	0.0251
		社会医疗基础 V10	0.0125

续表

系统层	准则层	指标层	权重（W_j）
经济影响（EI） 0.4011	压力（SP） 0.1045	区域地产投资 V11	0.0565
		产业结构变化 V12	0.0233
		从事行业情况 V13	0.0159
		科学技术影响 V14	0.0088
	状态（SS） 0.2541	旅游经济总量 V15	0.0393
		旅游产业依赖 V16	0.1199
		物价水平变动 V17	0.0628
		居民金融影响 V18	0.0321
	响应（SR） 0.0426	经济发展水平 V19	0.0091
		居民生活水平 V20	0.0099
		资产投资保障 V21	0.0199
		金融发展速度 V22	0.0037
文化影响（CI） 0.2631	压力（SP） 0.1666	市场文化影响 V23	0.0281
		外来文化干扰 V24	0.1198
		城镇建设影响 V25	0.0188
	状态（SS） 0.0279	民族文化现状 V26	0.0137
		文化产品消费 V27	0.0087
		广播电视水平 V28	0.0055
	响应（SR） 0.0685	公共服务水平 V29	0.0404
		文艺惠民保障 V30	0.0109
		文化发展投资 V31	0.0173
环境影响（EtI） 0.0751	压力（SP） 0.0103	消费品消耗 V32	0.0016
		乡村环境压力 V33	0.0026
		环境用电压力 V34	0.0061
	状态（SS） 0.0180	水资源条件 V35	0.0022
		森林环境条件 V36	0.0109
		气候环境条件 V37	0.0049
	响应（SR） 0.0468	政府环保重视 V38	0.0317
		环保工程投入 V39	0.0090
		森林环境改善 V40	0.0061

续表

系统层	准则层	指标层	权重（W_j）
管理影响（MI） 0.0865	压力（SP） 0.0171	游客管理压力 V41	0.0094
		人口管理压力 V42	0.0036
		养老管理压力 V43	0.0041
	状态（SS） 0.0424	二元管理模式 V44	0.0223
		行业管理水平 V45	0.0142
		网络管理条件 V46	0.0060
	响应（SR） 0.0270	公共管理活动 V47	0.0033
		外部管理依赖 V48	0.0086
		社会保障管理 V49	0.0150

3. 进行一致性检验

在计算评价指标的相对权重和组合权重之后需要进行一致性研究，以确定指标权重是否科学适用，一致性检验包括以下三个步骤：

第一步，构建公式：$M \times \overline{W} = \beta_{max} \times \overline{W}$，解最大特征值 β_{max}。

第二步，构建检验指标[152]：$C.I = \dfrac{\beta_{max} - n}{n - 1}$。

第三步，构建检验系数：$C.R = \dfrac{C.I}{R.I}$，若 $C.R < 0.1$，则表示通过一致性检验。

由表 5－24 可以发现，21 个判断矩阵均通过一致性检验，说明评价指标体系的权重系数是科学适用的。

表 5－24　　　　　　　　　　判断矩阵一致性检验

判断矩阵	λ_{max}	$C.I$	$R.I$	$C.R$	是否通过
M_1	5.3937	0.0510	0.58	0.0879	通过
M_2	3.0539	0.0300	0.58	0.0518	通过
M_3	3.0387	0.0216	0.58	0.0372	通过

判断矩阵	λ_{max}	C. I	R. I	C. R	是否通过
M_4	3.0387	0.0216	0.58	0.0372	通过
M_5	3.0183	0.0102	0.58	0.0176	通过
M_6	3.0537	0.0300	0.58	0.0517	通过
M_7	4.1603	0.0348	0.58	0.0600	通过
M_8	3.0537	0.0300	0.58	0.0517	通过
M_9	3.0000	0.0000	0.58	0.0000	通过
M_{10}	4.1177	0.0256	0.58	0.0441	通过
M_{11}	4.1436	0.0312	0.58	0.0538	通过
M_{12}	4.0623	0.0135	0.58	0.0233	通过
M_{13}	3.0874	0.0487	0.58	0.0840	通过
M_{14}	3.0537	0.0300	0.58	0.0517	通过
M_{15}	3.0539	0.0300	0.58	0.0518	通过
M_{16}	3.0539	0.0300	0.58	0.0518	通过
M_{17}	3.0741	0.0414	0.58	0.0713	通过
M_{18}	3.0956	0.0533	0.58	0.0919	通过
M_{19}	3.0183	0.0102	0.58	0.0176	通过
M_{20}	0.0538	0.0300	0.58	0.0517	通过
M_{21}	3.0183	0.0102	0.58	0.0176	通过

三、实 证 分 析

在对案例地基本情况进行分析、对基础数据进行处理、对权重系数进行计算的基础上，可应用多指标影响风险指数计算景洪市旅游消费移民给其带来的影响。

（一）评价结果

根据旅游消费移民再嵌效应评价指标相对权重系数可以计算出景洪市

五个领域、三个维度影响风险的组合值，并根据旅游消费移民再嵌效应风险评价标准来对各个领域、维度的风险等级、状态进行解析（见表5-25）。

表5-25　　　　景洪市旅游消费移民再嵌效应风险指数（相对值）

层次	2015 年	2016 年	2017 年
总体影响	0.3362	0.4867	0.3981
社会影响	0.7660	0.4556	0.3689
经济影响	0.3325	0.1978	0.1601
文化影响	0.2944	0.5177	0.5599
环境影响	0.3808	0.6172	0.2559
管理影响	0.3497	0.2875	0.5002
社会压力	0.8023	0.2555	0.5646
社会状态	0.8024	0.5583	0.0000
社会响应	0.6554	0.8571	0.1429
经济压力	0.1975	0.7697	0.0771
经济状态	0.0915	0.3538	0.3734
经济响应	0.5330	0.6953	0.4971
文化压力	0.0000	0.3358	0.8316
文化状态	0.4905	0.5466	0.3119
文化响应	0.9295	0.9470	0.0000
环境压力	0.0000	0.5272	0.9917
环境状态	0.8467	0.0000	0.0000
环境响应	0.2865	0.8747	0.1925
管理压力	0.0000	0.4248	0.7894
管理状态	0.1269	0.2891	0.3338
管理响应	0.9245	0.1986	0.5782

　　根据旅游消费移民再嵌效应评价指标组合权重可以计算出五大领域、三大维度的影响风险指数值，基于这一评价结果可对比分析不同领域、维

度之间的风险大小差异（见表5-26）；另外，也能根据障碍度计算公式进行障碍因子排名，进而确定景洪市旅游消费移民再嵌效应风险的主要障碍因子构成。

表5-26　景洪市旅游消费移民再嵌效应风险指数（组合值）

层次	2015年	2016年	2017年
总体影响	0.3362	0.4867	0.3981
社会影响	0.1334	0.0793	0.0642
经济影响	0.0666	0.2000	0.1241
文化影响	0.0775	0.1362	0.1473
环境影响	0.0286	0.0464	0.0192
管理影响	0.0302	0.0249	0.0433
社会压力	0.0823	0.0262	0.0579
社会状态	0.0223	0.0155	0.0000
社会响应	0.0288	0.0376	0.0063
经济压力	0.0206	0.0804	0.0081
经济状态	0.0233	0.0899	0.0949
经济响应	0.0227	0.0296	0.0212
文化压力	0.0000	0.0560	0.1386
文化状态	0.0137	0.0153	0.0087
文化响应	0.0638	0.0650	0.0000
环境压力	0.0000	0.0054	0.0102
环境状态	0.0152	0.0000	0.0000
环境响应	0.0134	0.0409	0.0090
管理压力	0.0000	0.0073	0.0135
管理状态	0.0054	0.0123	0.0142
管理响应	0.0249	0.0053	0.0156

（二）影响分析

1. 总体分析：介于较低风险与中风险之间，处于初显与累积之中

通过计算 2015～2017 年景洪市旅游消费移民再嵌效应风险指数可以发现，2015 和 2017 年的风险指数值位于（0.2，0.4]，影响程度处于较低风险，而 2016 年的风险指数值则位于（0.4，0.6]，影响程度处于中风险。这一研究说明旅游消费移民对景洪市的影响总体上仍在可控范围内，影响风险状态处在初显、累积之中，各个领域、维度影响风险之间的动态均衡使景洪市能够应对旅游消费移民迁入带来的各种压力、影响。对这一现象进行深入分析离不开对景洪市经济基础的探讨。一直以来，旅游业都是景洪市的支柱产业，在保持旅游业大体量、高速度增长的基础上，景洪市经济发展也总体上呈现出较好态势，2019 年地区生产总值增长率达 10.3%，高于大理市（3.6%）、澄江市（6.8%）、芒市（7.8%）等知名旅游目的地，较快的经济增长速度为景洪市应对旅游消费移民带来的负面影响提供了坚实的经济基础，能够通过财政、投资等手段有效缓解和调控。

2. 领域分析：社会影响、环境风险较高，处于冲突状态之中

对社会、经济、文化、环境、管理五个领域的影响风险相对值进行计算可以发现，2015 年的社会影响和 2016 年环境影响风险值位于（0.6，0.8]，影响程度为较高风险，影响状态为冲突，说明旅游消费移民给景洪市社会、环境造成了明显的负面影响。在社会方面，景洪市作为云南省内的重要旅游目的地，旅游客流不断大规模涌入，旅游消费移民在景洪市开展置办第二房产、养老等活动，并介入当地人的生活、居住、交往空间，进而会对目的地的教育、医疗、就业等领域带来压力、产生消极影响；在环境领域，旅游消费移民的迁入往往伴随着社会消耗加大、乡村人口增多、区域用电增加等现象，在环境状态保持基本平衡、政府响应难以跟上的情形下，景洪市在环境领域面临着巨大的压力，进而导致环境影响风险较高。

3. 领域对比：社会、经济、文化领域风险占主导

对社会、经济、文化、环境、管理五个领域的影响风险组合值进行计算可以发现，2015 年社会影响风险最高，2016 年经济影响风险最高，2017 年文化影响风险最高，结合总体影响风险状态可以判断景洪市处于社会、文化影响主导的较低风险状态和经济影响主导的中风险状态。尽管旅游消费移民对社会领域的影响较大，但也存在作用速度较慢的现实特征，因此出现社会影响主导的较低风险状态；在文化方面，景洪市作为傣族聚居地，拥有众多独特的民族文化、传统文化，虽然特色习俗节庆、传统建筑设施等文化载体在旅游消费移民迁入的影响下面临着巨大压力，但是其文化本身的活力也会进一步缓解这种压力，进而出现文化影响主导的较低风险状态；对于经济方面而言，旅游消费移民的迁入使景洪市房地产投资、产业结构、行业构成面临压力，进而反映在旅游产业依赖、物价水平变动、居民金融贷款等方面，当居民收入、资产投资、金融发展等难以应对压力带来的影响时，整个目的地系统便会面临风险上升的威胁，因此，景洪市出现了经济影响主导的中风险状态。

（三）障碍分析

1. 障碍域分析：文化影响明显，风险障碍较大

通过计算社会、经济、文化、环境、管理五大领域的障碍度可以发现，2015 年社会、文化领域障碍度分别排名第一、第二，两大领域影响风险解释了总体风险的 62.69%，说明旅游消费移民对这两大领域的影响是导致 2015 年景洪市影响风险呈现较低风险状态的主要原因；2016 年经济、文化领域障碍度分别排名第一、第二，两大领域影响风险解释了总体风险的 69.06%，说明经济、文化领域的影响是 2016 年呈现中风险的主要原因；2017 年文化、经济领域障碍度分别排名第一、第二，两大领域影响风险解释了总体风险的 68.18%，说明文化、经济领域的影响是 2017 年呈现较低风险的主要原因（见表 5 - 27）。综合对比三年里排名前二位的障碍

域，能够基本判断旅游消费移民对景洪市影响最明显的领域为文化方面。

表 5－27   景洪市旅游消费移民再嵌效应风险障碍域分析

排序	2015 年		2016 年		2017 年	
	障碍度	障碍域	障碍度	障碍域	障碍度	障碍域
第一	0.3966	社会	0.4108	经济	0.3700	文化
第二	0.2303	文化	0.2798	文化	0.3118	经济
第三	0.1980	经济	0.1630	社会	0.1613	社会
第四	0.0850	环境	0.0952	环境	0.1087	管理
第五	0.0900	管理	0.0511	管理	0.0483	环境

2. 障碍维分析：主要集中在经济、文化领域

聚焦五个领域下的压力、状态、响应三个维度，根据障碍度大小从15个具体层次中明确5个重要障碍维。结果显示，2015年，社会压力、文化响应是核心障碍维度，2016年，经济状态、经济压力是核心障碍维，2017年，文化压力、经济状态是核心障碍维（见表5－28）。对这一结果进行分析发现，在三年里15个具体障碍维中，核心障碍维仍主要集中于经济、文化领域。在文化方面，较高的文化压力障碍度说明景洪市本土文化面临着旅游消费移民再嵌效应的影响，主要体现为市场文化、外来文化、城镇建设等领域所产生的干扰和影响；文化响应风险指数较高则说明景洪市在公共文化方面的投入不足。在经济方面，较高的经济压力和状态风险系数值反映的是旅游消费移民在地产、产业结构、行业等方面的压力作用于旅游产业、物价水平等，最终对目的地造成消极影响。

表 5－28   景洪市旅游消费移民再嵌效应风险障碍维分析

排序	2015 年		2016 年		2017 年	
	障碍度	障碍维	障碍度	障碍维	障碍度	障碍维
第一	0.0823	社会压力	0.0899	经济状态	0.1386	文化压力
第二	0.0638	文化响应	0.0804	经济压力	0.0949	经济状态

续表

排序	2015 年		2016 年		2017 年	
	障碍度	障碍维	障碍度	障碍维	障碍度	障碍维
第三	0.0288	社会响应	0.0650	文化响应	0.0579	社会压力
第四	0.0249	管理响应	0.0560	文化压力	0.0212	经济响应
第五	0.0233	经济状态	0.0409	环境响应	0.0156	管理响应

3. 障碍因子分析

在分析旅游消费移民再嵌效应风险障碍域、障碍维的基础上，再深入分析障碍因子。通过计算49个指标的障碍度发现，2015年排名第一的障碍因子为消费人口压力，印证了景洪市旅游消费移民再嵌效应的存在性；2016年排名第一的障碍因子为旅游产业依赖，说明景洪市旅游业的高度发达也会对经济发展产生潜在风险；2017年排名第一的障碍因子为外来文化干扰，进一步验证了旅游消费移民对目的地文化的影响（见表5-29）。综合对比三年里障碍度排名前七的障碍因子可以发现，消费人口压力、社会医疗保障、居民金融影响、外来文化干扰四个指标的出现频率较高，反映出这四个因子在景洪市旅游消费移民风险指数中的影响。

表 5 - 29　　景洪市旅游消费移民再嵌效应风险障碍因子分析

排序	2015 年		2016 年		2017 年	
	障碍度	障碍因子	障碍度	障碍因子	障碍度	障碍因子
第一	0.1749	消费人口压力 V1	0.1330	旅游产业依赖 V16	0.3009	外来文化干扰 V24
第二	0.1202	公共服务水平 V29	0.1161	区域地产投资 V11	0.1577	物价水平变动 V17
第三	0.0699	流动人口压力 V2	0.0882	外来文化干扰 V24	0.1111	消费人口压力 V1
第四	0.0458	居民金融影响 V18	0.0830	公共服务水平 V29	0.0806	居民金融影响 V18
第五	0.0446	社会保障管理 V49	0.0651	政府环保重视 V38	0.0472	城镇建设影响 V25
第六	0.0420	社会医疗保障 V9	0.0516	旅游经济总量 V15	0.0467	资产投资保障 V21
第七	0.0407	民族文化现状 V26	0.0516	社会医疗保障 V9	0.0357	行业管理水平 V45

---第六章---

旅游消费移民再嵌效应调控

本章对旅游消费移民再嵌效应调控进行研究。为对旅游消费移民再嵌效应进行有效调控，本章从理念、理论、实践三个层面出发，结合景洪市具体情况，提出了调控目标、调控原则和调控框架，形成调控思路，构建了具体的调控路径，并在此基础上，提出了一些政策建议。

一、调 控 思 路

根据旅游消费移民再嵌效应分析以及实证部分的检验，在对旅游消费移民再嵌效应情况进行分析的基础上，本章提出了调控目标、调控原则和调控框架，以形成具体的调控思路。

（一）调控目标

基于旅游消费移民再嵌效应实证检验，得知旅游消费移民再嵌效应主要通过"压力—状态—响应"三个方面发生作用，故旅游消费移民再嵌效应的调控目标主要为降低压力、优化状态和加快响应。

1. 降低压力

降低压力是指降低旅游消费移民再嵌效应带给旅游目的地的压力。旅游消费移民再嵌效应中的负面影响会对旅游目的地形成一种压迫态势，这种压迫态势主要体现在两个方面：一是直接压迫，即直接作用于旅游目的地的压力，如人口数量、消费数量的增加等；二是间接压迫，即通过作用于其他事物对旅游目的地形成的压力，如人口结构、消费结构的变化等。为有效应对旅游消费移民再嵌效应，必须建立相应的应对机制，降低再嵌效应对社会、经济、文化、环境、管理产生的负面影响。

2. 优化状态

优化状态是指优化现有旅游消费移民再嵌效应的状态。从旅游目的地角度理性辩证地看，旅游消费移民再嵌效应存在正面影响和负面影响，两者此消彼长、相伴相随，在不同情况下呈现出不同的状态：一种是稳定状态，即负面影响和正面影响势均力敌，形成一种相对均势的态势；另一种是失衡状态，即负面影响和正面影响中的某一方处于相对劣势，形成一种不平衡的态势。为有效应对旅游消费移民再嵌效应，必须打破均衡状态，推动社会影响、经济影响、文化影响、环境影响、管理影响中正面影响和负面影响的状态发生改变，实现正面影响处于相对强势、负面影响处于相对劣势的有利于目的地发展的状态。

3. 加快响应

加快响应是指加快对旅游消费移民再嵌效应的应对速度。从旅游目的地来看，旅游消费移民产生的负面影响所波及的广度和深度与响应速度存在一定关联，及时快速响应能有效减小负面影响波及的范围。对负面影响的应对一般存在三种类型：一是对负面影响进行科学研判和提前预控，将负面影响控制在弱势状态，不产生显著破坏作用；二是对负面影响进行监控和适时响应，负面影响不时占上风，产生一定的破坏作用；三是对负面影响应对滞后迟缓，负面影响呈现扩大态势，全面压倒正面影响，最终产生显著破坏作用。为有效应对旅游消费移民再嵌效应，必须加快对社会影响、经济影响、文化影响、环境影响、管理影响中负面影响的响应速度，努力使其负面影响最小化。

（二）调控原则

基于旅游消费移民再嵌效应的调控目标，结合旅游消费移民再嵌效应的实际情况，本章提出了旅游消费移民再嵌效应调控的三大原则，即围绕可增效、可持续、可操作的原则对旅游消费移民再嵌效应进行调控。

1. 可增效原则

可增效原则是指旅游消费移民再嵌效应的调控需要围绕推动旅游目的地效益的增加开展，是对影响进行调控的首要原则。对旅游消费移民再嵌效应进行调控的目的是推动旅游目的地社会与经济发展，并有效减少负面影响。可增效包含两个层面的含义：一是能够推动当地经济发展、社会进步；二是能够减少旅游消费移民对社会、文化、环境、管理等方面的负面影响。可增效原则是旅游消费移民再嵌效应调控的关键，是旅游目的地最迫切的需求，也是调控力争达到的目标。

2. 可持续原则

可持续原则是指旅游消费移民再嵌效应的调控需要基于保障旅游目的地发展的可持续性，是对影响进行调控的必要原则。对旅游消费移民再嵌效应进行调控的长远目标是实现旅游目的地社会经济健康可持续发展。可持续原则包含两个层面的含义：一是发展的可持续，即旅游目的地社会经济发展具有可持续性；二是调控的可持续，即旅游消费移民再嵌效应调控措施需要形成长效机制，对旅游目的地进行长期可持续的监控。可持续原则是旅游消费移民再嵌效应调控长期有效的关键影响因素，是旅游目的地的长期需求。

3. 可操作原则

可操作原则是指旅游消费移民再嵌效应调控需满足旅游目的地发展的具体实践要求，是对影响进行调控的基本原则。对旅游消费移民再嵌效应的调控需要与具体实践相结合，需要形成从理论到实践的调控体系。可操作原则包含两个层面的含义：一是措施的可操作性，即需要形成一系列可操作的具体举措；二是程序的可操作性，即需要形成一个完整的操作流程。可操作原则是旅游消费移民再嵌效应调控的落实性因素，是旅游目的地的现实需求。

（三）调控框架

基于旅游消费移民再嵌效应的调控目标、调控原则，结合具体情况，形成旅游消费移民再嵌效应调控框架（见图6-1）。旅游消费移民调控框架是"理念层—理论层—操作层"相互作用的结果，三者通过相互作用，推动旅游消费移民再嵌效应调控的实现，推动旅游目的地发展。

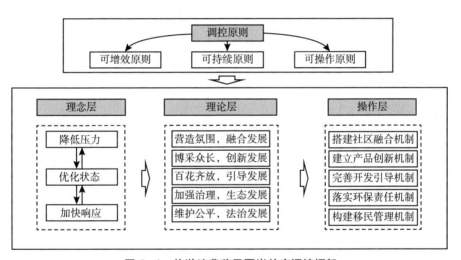

图6-1　旅游消费移民再嵌效应调控框架

1. 理念层：三大目标

从理念层来看，旅游消费移民再嵌效应调控包含三大目标，即降低压力、优化状态和加快响应。三者相互作用，形成旅游消费移民再嵌效应调控的理念层。降低压力是优化状态的基础，压力降低将有效减小负面影响，推动状态优化；优化状态是降低压力的有效保障，旨在将负面影响维持在相对弱势、正面影响处于相对强势的状态，推动压力不断减小；加快响应是优化状态的保障，能够建立状态优化的响应机制，推动状态的不断优化。优化状态是加快响应的重要基础，良好的状态将加快对负面影响和正面影响的识别，推动响应机制的建立。

2. 理论层：五大发展

从理论层来看，旅游消费移民再嵌效应调控包含五大策略，即融合发展、创新发展、引导发展、生态发展、法治发展。旅游消费移民再嵌效应表现在社会、经济、文化、环境、管理等方面，其影响调控需要针对五个方面提出具体的理论指导。五大策略以降低负面影响、优化影响状态、加快响应为目标，是结合旅游目的地实际情况提出的具体措施。其中，融合发展和创新发展是最主要的构成因素，是推动旅游消费移民再嵌效应调控的决定性策略；引导发展、生态发展、法治发展是保障旅游消费移民再嵌效应调控的支撑性策略。

3. 操作层：五大机制

从操作层来看，旅游消费移民再嵌效应调控包含五大机制，即社区融合机制、产品创新机制、文化引导机制、环保责任机制、移民管理机制。伴随着旅游目的地发展，旅游消费移民必然得到快速增长，移民规模将会大幅度提升，其影响也会进一步扩大。为对旅游消费移民再嵌效应进行有效调控，必须针对五大发展，积极推进五大机制的形成。五大机制是对五大发展的有效落实，是针对旅游目的地现在及未来的发展实际提出的针对性举措。其中，社区融合机制是社区正常运转的有效保证，是旅游消费移民得以发展的重要因素；产品创新机制是旅游目的地具有可持续发展能力的保证，也是持续不断吸引旅游消费移民的重要因素；文化引导机制是对旅游目的地传统文化进行有效保护和开发的具体措施；环保责任机制是推进本地人与移民环保责任同等的重要举措；移民管理机制为未来旅游目的地管理发展提供目标指引。

二、调控路径

为对旅游消费移民再嵌效应进行有效调控，应根据三大目标的要求，结合社会影响、经济影响、文化影响、环境影响、管理影响的结果，推动融合发展、创新发展、引导发展、生态发展、法治发展五个方面。

（一）营造氛围，融合发展

对于旅游消费移民的社会影响，需要从社会融合角度去解决，推动旅游目的地当地居民与移民的融合发展，搭建融合平台，增加融合机会，加快融合协调。

1. 搭建融合平台

搭建融合平台是为了促进旅游目的地移民与当地居民的融合。在旅游目的地，本地居民和移民社区是分割的。本地居民依靠原有的社会关系在一起生活，并已经接受了传统的交往方式；移民依靠自己的关系进行交往，或是因为同乡形成同乡交往关系，或是因为个人爱好形成同好交往关系。搭建融合平台就是针对社区由当地人与移民共同组成的现实，将现有的当地居民平台进行提升改造，积极推动现有传统平台向移民开放，如组建由本地人和外地人共同构成的社区服务机构、建立面向全体成员的社区线上空间等。

2. 增加融合机会

增加融合机会是加强旅游目的地移民与当地居民融合的方法。在旅游目的地，本地居民与移民除了在购物和休闲空间上会偶有重合外，很难有相互认识与深入交流的机会，因此呈现关系疏离、缺乏沟通与了解的状态。增加融合机会就是在彼此平等尊重的前提下，通过组织双方都感兴趣的活动，增进彼此了解与认识，建立友好关系，如在目的地传统文化节日，邀请移民参与庆祝活动，在体验目的地文化独特性的同时，扩大文化认知，增强文化适应，促进移民再嵌成功。

3. 加快融合协调

加快融合协调是加快对旅游目的地移民与当地居民融合的矛盾协调。在旅游目的地，由于移民与当地居民原有生活方式、生活习惯不同，两者的交往会因此受到影响，从而引发矛盾。这种矛盾初期相对比较容易解决，而随着时间的推移，这种矛盾会不断升级，从而影响旅游目的地的发展。加快融合协调就是建立由当地居民和移民共同参与的协调机制，从而提升矛盾协调的权威性和适应性，并积极推动形成专业协调机构。

（二）博采众长，创新发展

对于旅游消费移民嵌入效应的经济影响，需要从产品创新角度去解决，加大创新扶持、加强人才培养、重视市场反馈能有效增强旅游消费移民对目的地经济的积极影响。

1. 加大创新扶持

加大创新扶持是推动创新的制度保障。在旅游目的地，旅游消费移民既不同于本地居民，也和普通旅游者有很大区别。他们的需求更多元，追求品质更高、更具深度和新颖的旅游产品是大多数旅游消费移民的特点，因此旅游产品创新成为一个重要的问题。加大创新扶持就是通过政策扶持助力创新，降低中小企业进行旅游产品创新的成本，降低创新资金压力，鼓励创新，推动旅游目的地的产品创新[152]。

2. 加强人才培养

加强人才培养是实现创新的必要条件。人才是第一资源，对于旅游产业，人是旅游产品的开发者、生产者和服务的提供者，人才是旅游产业升级优化的核心条件。以科学发展观为指导，以创新为动力，通过重视培训与职业生涯规划、建立联合培养机制，改革选人用人体制等举措，培养一支高素质的旅游人才队伍，是旅游目的地拥有吸引力与可持续竞争力的关键。

3. 重视市场反馈

重视市场反馈是有效创新的关键环节。旅游消费移民的需求是丰富且多变的，及时了解旅游产品的市场反馈是进行产品升级、改造和开发的有效方式。目的地行政管理部门和旅游企业通过了解旅游产品市场反馈，能够更加深入了解市场需求，不但能够通过产品的创新来满足这种需求，甚至可以创造、引导需求，从而对旅游消费移民形成吸引，加快旅游消费移民的聚集，推动旅游目的地经济发展。

（三）百花齐放，引导发展

对于旅游消费移民的文化影响，需要从规范引导角度去解决，重视对传统文化的保护传承，鼓励对传统文化的创新开发，提升目的地文化品牌价值。

1. 重视保护传承

应重视对传统文化的保护传承。目的地传统文化是当地历史的沉淀、生活经验与智慧的凝结，是人民情感的依托与地方基因密码，也是旅游目的地吸引力的重要组成部分。在社会发展、经济进步的过程中，应该重视对传统文化的保护与传承，将优秀的传统文化内涵融入现代生产生活的各方面，通过旅游产品的设计、节庆会展的组织等活动，综合运用电视、电影、广播、报纸等各种媒体，宣传传统文化，展示文化包容，提升文化自信。

2. 鼓励创新开发

鼓励对传统文化进行创新开发，推动旅游目的地传统文化的传承与保护。很多旅游目的地存在着传统文化"失宠"的现象，其中大部分原因在于没有深度挖掘和整理传统文化中的精髓与智慧并以现代人喜闻乐见的方式进行传播和展示。传统文化只有通过与时代接轨的创新才能得到传承与发展。鼓励文化创新开发就是根据时代发展需要，以史为鉴，兼容并蓄，不断推动优秀传统文化以现代人喜爱和接受的方式加以展现，寻求移民文化与本地文化相通、相同、相容之处予以宣传和开发，从而吸引移民，凝聚居民。

3. 提升品牌价值

应提升目的地文化品牌价值。目的地文化品牌代表着目的地地方形象，有着巨大的增值效应。塑造目的地文化品牌是一个系统工程：首先，要对地方传统文化进行深度挖掘与整理，识别文化特征，把握文化内涵；其次，围绕传统文化，创新文化产品，以现代人喜爱的方式进行文化产品设计与开发；最后，进行品牌传播和品牌保护，扩大目的地影响力，提升传统文化活力。

（四）加强治理，生态发展

对于旅游消费移民的环境影响，需要从环境保护角度去解决，推动旅游目的地生态发展，降低不同群体居住环境之间的差异，落实所有群体的环境责任，加快生态保护的步伐。

1. 降低环境差异

降低环境差异是降低旅游目的地居民和移民居住环境的差异。在旅游目的地，当地居民与移民居住环境的差异将导致环境冲突，从而不利于旅游目的地当地环境的改善。环境差异在短期内有助于吸引移民，长期内将凸显移民与当地居民的差异，会对移民造成不利影响。降低环境差异就是采用同等标准为当地居民和移民提供宜居环境，加强不同群体的环境改善，推动环境公平。

2. 落实环境责任

落实环境责任是落实旅游目的地所有居住人员的环境责任。在旅游目的地，环境责任应该落实到实际居住者，而不是落实到实际所有者。由于旅游目的地初期发展的功利性，部分住房已被多次转租或转卖，实际居住者与实际所有者存在一定的区别，所有者并不能够承担所有的环境责任，导致环境责任不能得到有效落实。落实环境责任就是要唤醒每个居住者的环境意识，将环境责任落实到具体的个体，从而推动环境的有效治理。

3. 加快生态保护

加快生态保护是加快对旅游目的地整体生态环境的保护。旅游目的地的过快发展，导致部分地方存在一些生态欠账，即由于餐饮业、住宿业等发展导致原有生态环境被破坏，影响了旅游形象，降低了旅游吸引力[153]。加快生态保护就是要弥补历史欠账，使旅游目的地的生态环境优势进一步凸显，体现生态环境的整体成长力和吸引力，如加强部分区域的整体生态治理，将"两山论"与旅游发展结合起来，推动旅游目的地生态恢复与改善。

（五）维护公平，法治发展

对于旅游消费移民的管理影响，需要从公平管理角度去解决，推动旅游目的地管理的法治化发展，规划具体的管理程序，完善相关的决策机制，加快涉及移民管理的立法。

1. 规范管理程序

规范管理程序是将旅游目的地对当地居民和移民的管理进一步程序

化。伴随移民的不断增多，传统的管理手段显得有些不适应，那种随意的、凭经验应付式的管理方式将引发移民的不满，甚至会形成舆论事件。规范管理程序不仅是对当地居民和移民的尊重，而且是对管理者自身的保护。为规范管理程序，管理者需要不断提升自身素质，积极学习国内外的管理经验，推动管理的程序化、规范化。

2. 完善决策机制

完善决策机制是完善旅游目的地所在区域事关居民权益问题的决策机制。在过往的决策中，往往只关注当地的发展权益，或者是当地居民的权益，而对也在当地居住的移民关注过少。但应该认清的现实是，旅游消费移民是一个日益增加的重要群体，有权利参与到事关他们所居住社区的决策当中。完善决策机制就是要重视旅游消费移民的权益，将移民的意见纳入具体的决策实践中，提升决策水平。

3. 加快管理立法

加快管理立法是加快完善旅游目的地涉及旅游消费移民的相关立法。伴随旅游目的地的发展，旅游消费移民已经成为旅游目的地的组成部分，需要专门的法律对其进行管理，但现实中却缺少这样的法律和规范[154]，致使相关管理人员在具体的管理实践中，仍旧按照普通的流动人口或迁移人口对待旅游消费移民，影响旅游消费移民的移民意愿。加快管理立法就是要通过相关的立法，进一步维护移民的合法权益。

三、政　策　建　议

在调控目标的基础上，本书结合具体实际情况，针对旅游消费移民带来的社会影响、经济影响、文化影响、环境影响、管理影响，根据调控路径，从五个方面提出了针对性政策建议，以助力旅游目的地的发展。

（一）搭建社区融合机制

针对旅游消费移民再嵌效应带来的社会影响，旅游目的地应该加强社区建设，搭建由移民与当地居民共同构成的社区融合机制，适时搭建社区互助群，组织社区活动，设立社区调解员。

1. 搭建社区互助群

社区互助群是增进社区感情的重要方式，也是加深移民与当地居民感情的重要途径。为推进社区融合机制的建立，应该在旅游消费移民迁入的社区搭建社区互助群，推进社区成员之间互帮互助。同时，可以通过民主方式推举社区互助群的群主，代表大家与当地相关部门进行沟通，帮助大家解决生活中遇到的问题；也可建立当地居民与移民的"结对子"互助模式，帮助旅游消费移民在当地更好地生活。

2. 组织社区活动

社区活动是增加社区黏性的重要途径，通过组织社区活动、分享活动信息、鼓励参与等方式增强社区融合。通过组织如"元宵赏灯""中秋游园""新春百家宴"等丰富多彩的社区活动，使移民与当地居民在参与活动的过程中相互认识、加深了解。此外，旅游目的地社区也可以制定"当地活动时间表"，提前对活动进行预报，提升目的地的吸引力与凝聚力。

3. 设立社区调解员

社区调解是解决社区矛盾的重要手段，也是防止移民与当地居民矛盾扩大的重要途径。为推进社区融合机制的建立，应该在旅游消费移民迁入社区设立社区调解员，专门负责调解各种矛盾和问题，防止问题扩大。同时，可以吸引移民参与社区调解，鼓励部分有学问的人参与到社区调解队伍中，提升社区调解的水平。

（二）建立产品创新机制

针对旅游消费移民再嵌效应带来的经济影响，旅游目的地应该加强经济建设，建立由移民与当地居民共同参与的产品创新机制，设立产品扶持基金，加强产品服务培训，升级产品反馈系统。

1. 设立产品扶持基金

产品扶持是指引产业发展的重要手段，也是推动旅游目的地消费产品向纵深化、高端化、创新化发展的重要途径。为推进产品创新机制的建立，应该设立专门的产品扶持基金，对有前途、有创意的产品进行扶持，增强对旅游产品创新人才专项培养的扶持力度，吸引相关人才进行创新创业。借助产品扶持基金，不断推进现有产品转型升级，对老旧基础设施进行改造，提升旅游体验，增强旅游产品的整体吸引力。

2. 加强产品服务培训

培训是提升服务技能的重要手段，也是推动旅游产业转型升级的重要保障。为推进产品创新机制的建立，应该加强旅游产业各个领域的服务培训，不断创造各种学习交流机会，鼓励当地居民掌握更高水平的服务技能，将最新的服务理念融入本地具体的旅游服务当中。此外，为旅游消费移民提供更好的服务，也需要加强对服务人员的培训，尤其是对于买房居住的移民，更需要加强管家式服务人员的培训。

3. 升级产品反馈系统

反馈是提升产品质量的重要手段，也是推动旅游产品创新的重要源泉。为推进产品创新机制的建立，应该升级现有的产品反馈系统，将产品反馈落实到产品开发的全过程，推动"端对端"的定制化创新[155]。产品反馈可以暴露质量问题，推进工艺的改善，提升旅游产品创新水平。此外，为提高旅游消费移民的服务水平，有关部门也需要积极接受反馈意见，根据反馈意见进行针对性创新，从而提升旅游产品创新水平，增强旅游产品的生命力。

（三）完善开发引导机制

针对旅游消费移民再嵌效应带来的文化影响，旅游目的地应该加强文化建设，完善由移民与当地居民共同参与的文化引导机制，推进传统文化保护传承，打造传统文化创意品牌，出台创新开发奖励办法。

1. 推进传统文化保护传承

保护传承是传统文化传承的重要内容，也是唤醒移民与当地居民传统文化意识的重要途径。为完善文化引导机制，要制定相关的传统文化保护传承政策，在旅游目的地社区设置专门的场所，展示传统文化，并将传统文化带出博物院，走向群体大众，用大家喜闻乐见的方式进行展现，以此来唤醒当地居民的传统文化保护意识，提升传统文化的吸引力[156]。此外，传统文化的保护传承也是吸引旅游消费移民的重要途径，有助于形成持续的文化吸引力。

2. 打造传统文化创意品牌

品牌开发是提升传统文化竞争力的重要内容，也是增强传统文化活力的重要手段。为完善开发评价机制，要创立属于地方的传统文化品牌，围绕文化知识产权，打造周边延伸产品，形成具有竞争力的创意品牌。传统文化创意品牌将极大提升传统文化的活力，有助于开发更多消费产品，形成对旅游消费移民的吸引，如在部分城市开发具有传统特色的茶店、文创产品等，将传统文化融入具体的消费产品之中，激发旅游者和移民的消费兴趣。

3. 出台创新开发奖励办法

奖励是引导传统文化发展的指挥棒，是推动传统文化创新开发的重要组成部分。为完善创新开发奖励机制，要建立能够引领传统文化创新发展的评价机制，积极融入移民当地的文化，将传统文化与其他文化进行融合，形成文化发展兼容并蓄的局面。同时，奖励办法的出台也能引导传统文化的开发方向，将提升文化产品的质量融入其中，有助于推动当地居民重视传统文化，提升传统文化对旅游消费移民的吸引力。

（四）落实环保责任机制

针对旅游消费移民再嵌效应带来的环境影响，旅游目的地应该落实由移民与当地居民共同参与的环保责任机制，加强常态化的环保宣传，建立环境预警系统，出台环境责任办法。

1. 加强常态化的环保宣传

宣传是环境保护的先导，是推动环保责任落实的预防因素。为推进环保责任机制的落实，要推动常态化的环境保护宣传，使环境保护理念深入人心，增强当地居民和移民的环境保护意识。良好的生态环境和宜居的生活空间往往因为所有者较抽象而引发"公地悲剧"，从而影响环境保护的落实。加强常态化的环保宣传就是要形成一种环境保护的文化氛围，使当地居民和移民自觉参与环境保护，提升旅游目的地社区环境保护意识。

2. 建立环境预警系统

预警是环境保护的重要屏障，可有效控制环境问题的扩大。为推动环保责任的落实，要建立覆盖环境系统的预警体系，通过5G和大数据技术，加强对重要排污点的识别，加大对重要餐饮单位、客栈以及部分商铺的巡查力度，检查卫生保持情况，提升对环境状况的监控和识别能力。同时，预警也是对个人行为的规制，可通过监控系统对环境污染者进行警示教育，从而避免当地居民和移民从事环境破坏行为。

3. 出台环境责任办法

环境责任是将环境保护落实到人的重要途径，也是推进旅游目的地环境建设的重要手段。为推动环保责任的落实，必须将环境责任落实到具体个体，即建立"谁建设，谁负担"的机制，在加强旅游消费移民社区环境建设的同时，要推动传统社区的环境建设[157]。"全域一致"的环境责任办法将有效保证当地居民的环境权益，也将降低当地居民对环境不一致的抱怨，减少环境责任纠纷，提升环境应对的质量。

（五）构建移民管理机制

针对旅游消费移民再嵌效应带来的管理影响，旅游目的地应该加强管理建设，构建由移民与当地居民共同参与的移民管理机制，出台移民管理办法，加强移民管理培训，完善参与决策制度。

1. 出台移民管理办法

具体的办法是移民管理的政策依据，也是推动依法管理的重要举措。为推动移民管理机制的建立，要根据旅游目的地旅游消费移民的具体情况，出台适合地方的相应管理办法。一方面，办法的出台可为相关管理提供政策依据，提升管理效率；另一方面，可规范具体的管理行为，保护旅游消费移民的权益。旅游消费移民不断增多，而现有的管理体制较多地强调"管"，对其权益的保护相对较少，不利于旅游消费移民的发展。

2. 加强移民管理培训

管理培训是提升管理者个人素质的重要途径，也是构建移民管理机制的重要措施。为推动移民管理机制的构建，需要一批具有先进移民管理经验的人员，在尊重移民的基础上，采取具体的管理措施。伴随着旅游消费移民的发展，移民管理被推到了一个重要位置，将对未来旅游目的地发展起到重要作用，也将对移民决策产生重要影响[158]。好的移民管理将形成移民吸引力，推动旅游消费移民的进一步扩大，推动旅游目的地经济的持续发展。

3. 完善参与决策制度

参与制度是推动民主决策的重要举措，也是推动管理决策科学化的重要办法。为推动移民管理机制的构建，要改变原有的管理决策模式，发挥民主优势，通过听证会、评议会等形式，将当地居民和旅游消费移民纳入具体决策中，并邀请相关专家参与制定管理决策，进一步增加管理的科学性。管理的科学性将提高管理办法的权威性，有利于推进决策的落实，加快具体管理措施的实施，也有助于增强旅游目的地对移民的吸引力，推动旅游消费移民规模的扩大，促进旅游目的地的健康可持续发展。

————————————— 第七章 —————————————
结论与展望

本章旨在对旅游消费移民流动及再嵌效应研究进行总结和展望。首先，在对旅游消费移民理论、分布特征、流动成因及再嵌效应研究结果进行分析的基础上，提出主要结论；其次，指出本书研究工作存在的局限性与不足之处，并结合旅游消费移民研究现状，指出未来的研究可能。

一、研究结论

（一）旅游消费移民流动包含三大嵌入过程

旅游消费移民流动包含脱嵌、再嵌和回嵌三大嵌入过程。旅游消费移民是一种特殊的人口流动形态与新兴旅游消费实践相结合的现象，在前人研究的基础上，结合这种现象在我国的实际情况，本书将旅游消费移民界定为：因旅游消费而跨越县级行政区域1个月及以上的群体。这一概念包含了两方面的内涵：第一，旅游消费移民的主体既包含了居住地发生永久变化的移民，也包含了我国因户籍制度存在而特有的流动人口群体，行为特征是进行休闲、度假、娱乐等非生产性活动，身份是消费者；第二，为了开展研究需要，对旅游消费移民与普通旅游者进行区分，参照国家卫健

151

委的相关统计标准，本书将研究主体锁定于空间上跨越县（市、区）级行政单位，时间上持续 1 个月及以上的人群。旅游消费移民具有动机复杂性、路径旅居性、重视体验性的特征，依据不同标准，可划分为多种类型：依据空间范围可以分为国际和国内旅游消费移民；按照移民动机则可以分为避暑、避寒和生活型旅游消费移民；按照停留时间将 1 个月及以上至 1 年以内的移民视为短期旅游消费移民，1 年以上的移民为长期旅游消费移民；按照流动规模分为个体、家庭和群体型三类旅游消费移民；按照流动周期分为定期和非定期旅游消费移民；根据消费层次分为高端、中端和大众三类。旅游消费移民分布包括零星分布、聚集分布和边缘分布三种状态。旅游消费移民流动过程包括移民的形成、融入和离开三个过程，从嵌入性视角来看可分别为脱嵌、再嵌和回嵌。

（二）旅游消费移民脱嵌包含三种脱嵌模式

旅游消费移民脱嵌是旅游消费移民从流出地前往目的地的过程，是旅游消费移民流动的先导环节。旅游消费移民再嵌包含理想驱动力、现实驱动力、持续发展力三种力量的作用，分别对应资源因素、经济因素和社会因素。其中，资源因素包括气候条件差异、环境质量差异和休闲资源差异；经济因素包括经济发展差异、收入水平差异和消费水平差异；社会因素包括移民口碑差异、人际压力差异和个体偏好差异。在三个因素中，资源因素和经济因素决定旅游消费移民脱嵌是否成功，社会因素决定旅游消费移民脱嵌时间长短。在对旅游消费移民脱嵌成因进行探讨时采用资源因素和经济因素，得出旅游消费移民脱嵌包括"气候＋资源"型、"气候＋收入"型、"气候＋资源＋收入"型三种模式。

（三）旅游消费移民再嵌包含三大再嵌因素

旅游消费移民再嵌是旅游消费移民融入目的地的过程，是旅游消费移民流动的中间环节，包含三大再嵌因素。旅游消费移民是社会消费因素、社会文化因素和社会保障因素三大再嵌因素作用的结果。其中,社会消费因素包括住房价格差异、生活物价差异和景区门票差异;社会文化因素包括饮食文化差异、社区交往差异和社会关系差异;社会保障因素包括环境卫生保障、交通设施保障和医疗设施保障。本书借助定性比较分析法,以景洪市旅游消费移民为案例调查对象,对三大因素的作用进行了测量,结果表明,社会消费因素和社会保障因素对景洪市旅游消费移民再嵌的影响较小,社会文化因素对景洪市旅游消费移民再嵌的影响较大。

(四)旅游消费移民再嵌效应包含五个方面

旅游消费移民再嵌效应包含社会、经济、文化、环境和管理五个方面的影响。首先,在移民的自然结构方面集中表现为年龄结构的特殊性,即旅游消费移民集中在退休老年人口;在社会结构方面,旅游消费移民主要由中产阶级构成,他们经济基础好,消费能力强;区域结构方面,我国旅游消费移民主要来自北方内陆地区,文化、生活习惯等与南方地区的目的地有较大区别。其次,旅游消费移民规模分为整体规模和动态规模,从静态和动态两个方面对目的地产生影响。最后,移民通过以消费为核心的经济行为、以融合与否为主要表现的社会行为、以环境态度为核心的环境行为差异对旅游目的地造成影响,旅游消费移民结构、人口规模、人口行为三方面的作用因素主要通过个人需求、地方差异、社会趋势和环境网络四条路径进行传导。移民的个人需求通常体现出高端、新式的特点,相较于目的地居民,其生活态度、文化和环境认知更加多元,具有较强的法律、休闲和共享意识,主要通过口碑式、互动式、驱动式的多样环境网络传导方式,对旅游目的地社会、经济、文化、环境和管理五方面产生影响。旅游消费移民再嵌效应,在社会方面主要表现为人口结构的失衡、传统社区的破碎、保障负担的增强;在经济方面表现为旅游投资的增加、服务岗位的增多、物价水平的上升;在文化领域体现为文化态度的转变、文化融合的加速以及文化创新的加快;在环境方面表现为环境认识提升、环境治理加速、环境空间分异；在管理方面体现为管理难度加大、管理改革提速、管理成本增加。

（五）旅游消费移民再嵌效应呈现不均衡

本书基于 SECEM - PSR 模型，构建了评价指标体系，运用多指标综合指数法、障碍度模型等方法分析了旅游消费移民对景洪市社会、经济、文化、环境、管理五个方面的影响。结果显示，旅游消费移民对景洪市的综合影响处于可控范围。分领域探讨，旅游消费移民 2015 年对景洪市的社会影响、2016 年对景洪市的环境影响风险值处于中高位，说明移民在这两个领域产生了明显的负面影响。移民的涌入对当地人的居住、生活、社交空间形成了一定程度的挤占，同时随着人口规模的陡增，消费增加，用电、用水、排污等加大，景洪市的环境面临巨大压力。计量分析结果显示，旅游消费移民在 2015～2017 年三个年度中，综合影响风险指数相对值在 2016 年达到最高，但影响值仍低于 0.5，处于中低级别，说明旅游消费移民对景洪市的整体影响处于初显和可控状态。景洪市作为国内旅游起步时间早、发展质量好、接待规模大、民族文化特色鲜明的旅游城市，积累了一定社会经济文化基础，能较从容地应对旅游消费移民带来的影响。根据社会、经济、文化、环境和管理五个领域的年度数据，风险指数相对值表明：旅游消费移民 2015 年景洪市社会风险影响指数高于 0.75，处于中高级，表现出冲突状态；2016 年景洪市环境风险影响指数和文化风险影响指数、2017 年文化风险指数和管理风险指数均高于 0.5，达到中级。风险组合值显示：消费移民 2015 年景洪市社会影响风险最高，2016 年经济影响风险最高，2017 年文化影响风险最高。这与旅游消费移民带来的压力在不同领域的传导速度相符：旅游消费移民涌入，在当地购置房屋、退休养老、娱乐休闲，以人口增加带来的拥挤为代表的社会影响最先呈现，景洪市民直接感受到生活空间压力；随之而来的房价、物价升高等现象在经济领域逐步显现，增加了景洪市居民的心理压力；随着消耗品增加、水电使用量增大、排废排污增多，环境领域的压力增加。首先，通过计算发现障碍度排前二位的领域合并可以解释当年旅游消费移民对景洪市影响总体风险的 60% 以上，是构成影响风险状态的主要原因：2015 年旅游消费移民对景洪市影响风险呈现较低状态，主要原因是移民对社会、文化领域较低的影响风险；经济、文化领域的影响风险是2016 年总体影响风险呈现中风险的主要原因；2017 年文化、经济领域的影响是呈现较低风险状态的主要原因。其次，对 2015～2017 年五个领域、三个维度进行分析发现，核心障碍维仍集中于经济、文化领域：经济压力系数值和状态风险系数值均相对较高，说明旅游消费移民通过购买房产、高消费等行为对旅游目的地形成了压力，直接对景洪市物价水平、产业结构均衡等经济领域产生了消极影响；较高的文化压力障碍度说明旅游消费移民给景洪市带来了如休闲文化盛行等不利影响；而文化响应风险指数较高，体现了景洪市在公共文化方面的投入不足。最后，对 49 个指标的障碍因子进行分析发现：2015 年消费人口压力是排名第一的障碍因子，印证了消费导向人口的存在；2016 年旅游产业依赖成为排名第一的障碍因子，说明旅游经济的高度发展可能会对景洪经济产生潜在风险；2017 年外来文化干扰位居障碍因子第一位，进一步说明旅游消费移民对目的地文化影响具有延迟性。

（六）旅游消费移民再嵌效应需要五大调控

旅游消费移民调控框架是从理念层、理论层和操作层三个层面进行构建的。理念层即明确降低压力、优化状态、加快响应的三大调控目标；理论层是针对旅游消费移民五大影响领域的理论指导，融合发展是目标，创新发展是路径，引导发展是策略，法治发展是保障，生态发展是底线。操作层面包括推动建立五大机制的形成，目的是保障旅游目的地的可持续发展，以及在经济领域的产品创新机制、社会领域的社区融合机制、文化领域的开发引导机制、环境领域的环保责任机制、管理领域的移民管理机制对旅游消费移民的吸引力。

二、创 新 之 处

（一）研究视角创新：采用嵌入性视角

本书从嵌入性视角出发对旅游消费移民进行系统性研究，可能会成为一个创新点。旅游消费移民的流动过程本质上就是一个"脱嵌—再嵌"的过程，使用嵌入性理论可以合理解释这一现象。再嵌是整个流动过程尤为重要的一环。再嵌成功与否决定了旅游消费移民身份与行为的持续或者结束。对再嵌效应进行研究，将有助于认识旅游消费移民再嵌效应，同时也会对吸引旅游消费移民提供一定依据。

（二）研究内容创新：再嵌效应系统化

本书在对流动过程进行研究的基础上，对再嵌效应进行了系统化研究。与旅游密切关联的移民现象受到越来越多学者的关注，过去的研究主要以某一类旅游移民作为研究对象，集中探讨移民的动机、类型、特征以及影响效应，并未提出旅游消费移民再嵌效应的系统框架。旅游消费移民需求体验性、动机复杂性、路径旅居性的特征决定了旅游消费移民研究的跨学科性，研究主体的多身份性以及研究数据的难获取性，导致了理论研究的发展远滞后于现实社会实践的发展。本书在梳理总结前人研究的基础上，尝试构建旅游消费移民再嵌效应的研究框架，在推动旅游目的地消费导向移民管理的同时，促进旅游目的地可持续发展。预期收入理论认为，移民的过程是人们对城乡预期收入差异的反应，而预期收入的内涵是未来劳动所得。然而，通过对旅游消费移民进行研究发现，对于消费人口，预期收入的内涵还可能包括对寿命延长而带来转移支付收入增加的预期，对生活环境质量提高而带来健康状况改善从而医疗开支减少的预期，对生活成本降低导致现有资产增值的预期，拓展了托达罗的预期收入模型。本书同时对刘易斯提出乡—城二元经济主导的人口流动模型进行了拓展，从理论上解释了城—城和城—乡流动形式存在的合理性。旅游消费移民是典型的"逆城市化"现象，他们出于对自然环境、生活方式的追求，从大城市迁往小城市、城郊甚至乡村居住生活，成为一种新兴的移民、消费实践现象。与传统劳动移民相比，移民主体的老年性，移民目的的消费性，移民时间的长期性都是旅游消费移民的特征，本书为当代多重二元经济理论的建立提供了理论依据。

（三）研究方法创新：定性定量混合法

本书在对文献成果进行梳理的基础上，采取定性与定量相结合的方法进行研究。在对旅游消费移民主体、类型、特征进行研究时，使用了文献分析、逻辑演绎等方法；在成因研究时，采用了定性比较分析法；在再嵌效应方面，采用了传统的人口普查与抽样调查数据进行研究。同时，本书创新性地采用了 PSR 模型进行综合影响的测度，为移民影响研究方法的选择进行了新的尝试。

三、研 究 展 望

本书的研究未来还可以在以下几个方面进行拓展与深入。

（一）旅游消费移民对本地居民回嵌影响研究

由于旅游消费移民再嵌目的地通常为欠发达地区或不发达地区，其到来可能加速本地居民回嵌。尤其从本地居民的年龄段来看，年长的劳动者会因为家乡的发展而加速回嵌。因此，旅游消费移民对本地居民回嵌的影响未来将会是一个重要的研究点。

（二）时间序列的旅游消费移民流动成因研究

旅游消费移民脱嵌和再嵌在不同时间段的成因可能存在不同，尤其是对于较为年轻的旅游消费移民来说。旅游消费移民类型多样，不同类型的移民，因为需求和动机的差异，在旅游目的地产生迥异的行为，从而带给目的地的影响也是不同的。未来研究可以选取不同案例地，进行对比研究。

（三）旅游消费移民再嵌效应的影响范围研究

未来的旅游消费移民再嵌效应研究，可以分为流出地和流入地两个大的方向进行，探讨其对某一个领域的影响，如从社会融合、区域创新、文化安全等多角度进行研究。本书使用的数据只排除了因劳务原因流动的人口，而未将家属随迁、投亲靠友、婚姻嫁娶也纳入本书的统计中，因此与现实的旅游消费移民数可能存在一定偏差。

参 考 文 献

［1］蔡昉 . 中国人口与劳动问题报告：2009 人口与劳动绿皮书［M］. 北京：社会科学文献出版社，2009.

［2］Crozet M. Do migrants follow market potentials？An estimation of a new economic geography model［J］. Journal of Economic Geography，2004，4 （4）：439 - 458.

［3］Longino J R C F. The forest and the trees：Micro-level considerations in the study of geographic mobility in old age［M］. Rogers A, et al. Elderly Migration and Population Redistribution：A Comparative Study. London：Belhaven Press，1992：163 - 180.

［4］谭华云，许春晓 . 巴马盘阳河流域季节性移民社区类型与形成机理［J］. 人文地理，2018，33（5）：46 - 54.

［5］Polanyi K. The Great Transformation：The Political and Economic Origin of Our Time［M］. Boston：Beacon Press，2001.

［6］贝克，贝克—格恩斯海姆 . 个体化［M］. 李荣山，等，译 . 北京：北京大学出版社，2011.

［7］杨钊，陆林 . 旅游移民研究体系及方法初探［J］. 地理研究，2008（4）：949 - 962.

［8］杨钊，陆林 . 国外旅游移民研究综述［J］. 地理与地理信息科学，2005（4）：84 - 89.

［9］Williams A M，Hall C M. Guest editorial：Tourism and migration［Z］. Tourism Geographies，2000，2（1）：2 - 4.

［10］黎慧，苏勤 . 国内外旅游移民研究比较与展望［J］. 云南地理环

境研究，2012，24（6）：16-21，34.

[11] 王舒媛，白凯. 西安回坊旅游劳工移民的地方依恋与幸福感 [J]. 旅游学刊，2017，32（10）：12-27.

[12] 姜辽，李甜甜. 周庄古镇旅游劳工移民的存在主义分析 [J]. 旅游科学，2016，30（2）：15-23.

[13] 杨钊，上官筱燕，蔡永寿，等. 九寨沟旅游劳工迁移微观驱动力分析 [J]. 地理研究，2013，32（2）：347-359.

[14] 白凯，王晓娜. 社会氛围对旅游劳工移民地方融入的影响研究——以丽江古城为例 [J]. 人文地理，2018，33（5）：133-142.

[15] Rodriguez V. Tourism as a recruiting post for retirement migration [J]. Tourism Geographies, 2001, 3 (1): 52-63.

[16] Salt B. The big shift: Welcome to the third Australian culture: The Bernard Salt report [M]. Melbourne: Hardie Grant Books, 2001.

[17] Burnley I H, Murphy P. Sea change: Movement from metropolitan to arcadian Australia [M]. Sydney: UNSW Press, 2004.

[18] Burnley I H. Sea change, social change? Population turnaround in New South Wales [J]. Dialogue, Academy of the Social Sciences, 2005, 24 (2): 66-75.

[19] Costello L. Going bush: The implications of urban-rural migration [J]. Geographical Research, 2007, 45 (1): 85-94.

[20] Gurran N. The turning tide: Amenity migration in coastal Australia [J]. International Planning Studies, 2008, 13 (4): 391-414.

[21] Benson M, O'Reilly K. Migration and the search for a better way of life: A critical exploration of lifestyle migration [J]. The Sociological Review, 2009, 57 (4): 608-625.

[22] Torkington K. Defining lifestyle migration [J]. Dos Algarves, 2010 (19): 99-111.

[23] Torkington K. Place and lifestyle migration: The discursive construction of "glocal" place-identity [J]. Mobilities, 2012, 7 (1): 71-92.

［24］Åkerlund U. Selling a place in the sun: International property media-
tion as production of lifestyle mobility ［J］. Anatolia, 2012, 23 (2): 251 -
267.

［25］Casado - Díaz M A. Retiring to Spain: An analysis of differences
among North European nationals ［J］. Journal of Ethnic and Migration Studies,
2006, 32 (8): 1321 - 1339.

［26］O'Reilly K. Emerging tourism futures: residential tourism and its im-
plications ［Z］. Going abroad: travel, tourism, and migration: cross-cultural
perspectives on mobility. UK: Newcastle upon Tyne. 2007: 144 - 157.

［27］O'Reilly K. The new Europe/old boundaries: British migrants in
Spain ［J］. Journal of Social Welfare and Family Law, 2000, 22 (4): 477 -
491.

［28］Mitchell C J. Making sense of counterurbanization ［J］. Journal of
Rural Studies, 2004, 20 (1): 15 - 34.

［29］Guhathakurta S, Stimson R J. What is driving the growth of new
"Sunbelt" metropolises? Quality of life and urban regimes in Greater Phoenix
and Brisbane - South East Queensland region ［J］. International Planning Stud-
ies, 2007, 12 (2): 129 - 152.

［30］Sullivan D A, Stevens S A. Snowbirds: Seasonal migrants to the sun-
belt ［J］. Research on Aging, 1982, 4 (2): 159 - 177.

［31］梁微, 徐红罡, Thomas R. 大理古城生活方式型旅游企业的动机
和目标研究 ［J］. 旅游学刊, 2010, 25 (2): 47 - 53.

［32］张倩帆. 旅游移民的社会互动研究: 以大理古城小企业主旅游
移民为例 ［D］. 广州: 中山大学, 2011.

［33］马少吟. 从消费到生产: 大理古城生活方式型旅游企业主移民
研究 ［D］. 广州: 中山大学, 2013.

［34］马少吟, 徐红罡. 从消费到生产: 大理古城生活方式型旅游企
业主移民的生存特征 ［J］. 旅游学刊, 2016, 31 (5): 81 - 88.

［35］吴俏, 严艳, 刘畅. 流动视角下生活方式型企业主移民综合感

知及归属倾向研究——以丽江束河古镇为例 [J]. 人文地理, 2017, 32 (4): 15-21.

[36] 唐香姐, 徐红罡. 生活方式型移民研究综述 [J]. 地理科学进展, 2015, 34 (9): 1096-1106.

[37] 谭华云, 许春晓. 舒适移民驱动的乡村绅士化发展特征与机理分析——以巴马盘阳河流域长寿乡村为例 [J]. 经济地理, 2019, 39 (1): 207-214, 32.

[38] 谭华云, 许春晓. 舒适移民型乡村绅士化空间格局及其形成机制——以广西巴马盘阳河流域为例 [J]. 旅游学刊, 2021, 36 (2): 40-53.

[39] 王金莲, 苏勤, 吴骁骁, 等. 旅游地理学视角下第二居所旅居研究 [J]. 人文地理, 2019, 34 (1): 90-98.

[40] 王金莲, 苏勤. 第二居所旅居者与当地居民社会互动过程及机制——以三亚市为例 [J]. 地理研究, 2021, 40 (2): 462-476.

[41] 王宁. 创业型舒适物移民、反身性旅游发展与乡村社会整合 [J]. 旅游学刊, 2021, 36 (10): 24.

[42] Marcketti S B, Niehm L S, Fuloria R. An exploratory study of lifestyle entrepreneurship and its relationship to life quality [J]. Family and Consumer Sciences Research Journal, 2006, 34 (3): 241-259.

[43] Veal A J. The concept of lifestyle: A review [J]. Leisure Studies, 1993, 12 (4): 233-252.

[44] O'Reilly K. A new trend in European migration: contemporary British migration to Fuengirola, Costa del Sol [J]. Geographical Viewpoint, 1995, 23 (1): 25-36.

[45] Walters W H. Types and patterns of later-life migration [J]. Geografiska Annaler: Series B, Human Geography, 2000, 82 (3): 129-147.

[46] Benson M C. The context and trajectory of lifestyle migration: The case of the British residents of southwest France [J]. European Societies, 2010,

12（1）：45 - 64.

［47］杨慧，凌文锋，段平."驻客"："游客""东道主"之间的类中介人群——丽江大研、束河、大理沙溪旅游人类学考察［J］.广西民族大学学报（哲学社会科学版），2012，34（5）：44 - 50.

［48］孙九霞，黄凯洁.融合与区隔：穆斯林旅游移民在三亚回族村的社会适应［J］.民族研究，2016，（6）：61 - 69，125.

［49］Ono M. Japanese Lifestyle Migration/Tourism in Southeast Asia（ < Special Issue > New Trends of Tourism/Migration in Japan and Beyond）［J］. Japanese Review of Cultural Anthropology，2009（10）：43 - 52.

［50］Salazar N B，Zhang Y. Seasonal lifestyle tourism：The case of Chinese elites［J］. Annals of Tourism Research，2013，43：81 - 99.

［51］Zhou L，Yu J，Wu M Y，et al. Seniors' seasonal movements for health enhancement［J］. The Service Industries Journal，2018，38（1 - 2）：27 - 47.

［52］Higgs P F，Quirk F. "Grey Nomads" in Australia：Are they a good model for successful aging and health?［J］. Annals of the New York Academy of Sciences，2007，1114：251 - 257.

［53］Sheng X，Simpson P M，Siguaw J A. US winter migrants' park community attributes：An importance-performance analysis［J］. Tourism Management，2014，43：55 - 67.

［54］朱宇，林李月.流动人口的流迁模式与社会保护：从"城市融入"到"社会融入"［J］.地理科学，2011，31（3）：264 - 271.

［55］梁增贤，陈颖欢.退休移民的流动模式与社会融入研究——以珠海为例［J］.旅游学刊，2021，36（2）：27 - 39.

［56］Kou L，Xu H，Hannam K. Understanding seasonal mobilities，health and wellbeing to Sanya，China［J］. Social Science & Medicine，2017，177：87 - 99.

［57］Wu Y F，Xu H G，Lew A A. Consumption-led mobilized urbanism：socio-spatial separation in the second-home city of Sanya［J］. Mobilities，

2015, 10 (1): 136 – 154.

[58] Stone I, Stubbs C. Enterprising expatriates: Lifestyle migration and entrepreneurship in rural southern Europe [J]. Entrepreneurship and Regional Development, 2007, 19 (5): 433 – 450.

[59] Gustafson P. Tourism and seasonal retirement migration [J]. Annals of Tourism Research, 2002, 29 (4): 899 – 918.

[60] King R, Patterson G. Diverse paths: The elderly British in Tuscany [J]. International Journal of Population Geography, 1998, 4 (2): 157 – 182.

[61] O'Reilly K. Trading intimacy for liberty: British women on the Costa del Sol [M]//Anthias F, Lazaridis G. Gender and Migration in Southern Europe: Women on the Move. London: Routledge, 2000: 227 – 248.

[62] 张业臣, 卢松, 杨仲元, 等. 基于 Web of Science 的旅游移民研究知识图谱分析 [J]. 安徽师范大学学报（自然科学版）, 2016, 39 (2): 181 – 188.

[63] 吴悦芳. 三亚第二居所发展及其社会空间特征研究 [D]. 广州: 中山大学, 2010.

[64] 徐红罡, 马少吟, 姜辽. 生活方式型旅游企业主移民社会交往研究 [J]. 旅游学刊, 2017, 32 (7): 69 – 76.

[65] Rodríguez V, Fernández – Mayoralas G, Rojo F. European retirees on the Costa del Sol: a cross-national comparison [J]. International Journal of Population Geography, 1998, 4 (2): 183 – 200.

[66] Lardiés R. Migration and tourism entrepreneurship: North – European immigrants in Cataluña and Languedoc [J]. International Journal of Population Geography, 1999, 5 (6): 477 – 491.

[67] Truly D. International retirement migration and tourism along the Lake Chapala Riviera: Developing a matrix of retirement migration behaviour [J]. Tourism Geographies, 2002, 4 (3): 2612 – 2681.

[68] Benson M. Landscape, imagination and experience: processes of emplacement among the British in rural France [J]. The Sociological Review,

2010, 58（2_suppl）: 63 - 77.

［69］ Ladkin A. Exploring tourism labor ［J］. Annals of Tourism Research, 2011, 38（3）: 1135 - 1155.

［70］ Kiy R, Mcenany A. Health care and Americans retiring in Mexico ［R］. CA: International Community Foundation, 2010.

［71］ Mena M M. Exploring Tourism - Migration - Immigration Relationships: The South Koreans in the Philippines ［J］. Asian Tourism Management, 2011, 65: 95.

［72］ Stimson R J, Minnery J. Why people move to the "sun-belt": A case study of long-distance migration to the Gold Coast, Australia ［J］. Urban Studies, 1998, 35（2）: 193 - 214.

［73］ King R, Warnes A M, Williams A M. International retirement migration in Europe ［J］. International Journal of Population Geography, 1998, 4（2）: 91 - 111.

［74］ Osbaldiston N. Chasing the idyll lifestyles: The seachange problem ［J］. Social Alternatives, 2009, 29（1）: 54 - 57.

［75］ Wong K M, Musa G. Retirement motivation among "Malaysia my second home" participants ［J］. Tourism Management, 2014, 40: 141 - 154.

［76］ Costello L. Urban - Rural Migration: Housing availability and affordability ［J］. Australian Geographer, 2009, 40（2）: 219 - 233.

［77］ Joppe M. Migrant workers: Challenges and opportunities in addressing tourism labour shortages ［J］. Tourism Management, 2012, 33（3）: 662 - 671.

［78］ Ruiz - Ballesteros E, Cáceres - Feria R. Community-building and amenity migration in community-based tourism development: An approach from southwest Spain ［J］. Tourism Management, 2016, 54: 513 - 523.

［79］ Coppock J T. Second homes: Curse or blessing? ［M］. London: Pergamon, 1977.

［80］ Roberts J A. Green consumers in the 1990s: Profile and implications for advertising [J]. Journal of Business Research, 1996, 36 (3): 217 – 231.

[81] Higham J, Carr A. Ecotourism visitor experiences in Aotearoa/New Zealand: Challenging the environmental values of visitors in pursuit of pro-environmental behaviour [J]. Journal of Sustainable Tourism, 2002, 10 (4): 277 – 294.

[82] Hall C, Johnson G. Wine and food tourism in New Zealand: Difficulties in the creation of sustainable tourism business networks [C]//Proceedings of the Rural Tourism Management: Sustainable Options, Conference Proceedings. Ayr: Scottish Agricultural College, 1998.

[83] 黄静波, 范香花, 黄卉洁. 生态旅游地游客环境友好行为的形成机制——以莽山国家级自然保护区为例 [J]. 地理研究, 2017, 36 (12): 2343 – 2354.

[84] Huang L, Xu H. Therapeutic landscapes and longevity: Wellness tourism in Bama [J]. Social Science & Medicine, 2018, 197: 24 – 32.

[85] Lee E S. A theory of migration [J]. Demography, 1966, 3 (1): 47 – 57.

[86] Lewis W A. Economic Development with Unlimited Supplies of Labour [M]. Manchester: The Manchester School of Economic and Social, 1954.

[87] Rains F. A Theory of Economic Development [J]. The American Economic Review, 1961, 51 (4): 533 – 565.

[88] Todaro M P. A Model of Labor Migration and Urban Unemployment in Less Developed Countries [J]. The American Economic Review, 1969, 59 (1): 138 – 148.

[89] 陶树果. 中国流动人口的消费行为研究 [D]. 上海: 华东师范大学, 2017.

[90] Dustmann C, Fasani F, Speciale B. Illegal migration and consumption behavior of immigrant households [J]. Journal of the European Economic Association, 2017, 15 (3): 654 – 691.

[91] Han Y J, Nunes J C, Drèze X. Signaling status with luxury goods:

The role of brand prominence [J]. Journal of Marketing, 2010, 74 (4): 15 – 30.

[92] 陈云川. 新生代农民工组织嵌入、职业嵌入与工作绩效研究 [D]. 南昌: 江西财经大学, 2014.

[93] Polanyi K. The great transformation: The political and economic origins of our time [M]. Boston: Beacon Press, 1944.

[94] 丘海雄, 于永慧. 嵌入性与根植性——产业集群研究中两个概念的辨析 [J]. 广东社会科学, 2007 (1): 175 – 181.

[95] 杨玉波, 李备友, 李守伟. 嵌入性理论研究综述: 基于普遍联系的视角 [J]. 山东社会科学, 2014 (3): 172 – 176.

[96] 庞兆玲, 孙九霞. 从脱嵌到再嵌: 民族手工艺遗产的保护发展实践研究 [J]. 广西民族大学学报 (哲学社会科学版), 2020, 42 (5): 32 – 42.

[97] Park R E, Burgess E W. Introduction to the Science of Sociology [M]. London: Greenwood Press, 2019.

[98] Park R E. Human migration and the marginal man [J]. American Journal of Sociology, 1928, 33 (6): 881 – 893.

[99] 李春霞. 融入筑城: 中国西部流动人口社会融合研究 [M]. 北京: 九州出版社, 2013.

[100] 马潇岚. 城市外来产业工人社会融合问题研究 [D]. 南京: 南京林业大学, 2018.

[101] Stark O. Rural-to-Urban Migration in LDCs: A Relative Deprivation Approach [J]. Economic Development & Cultural Change, 1984, 32 (3): 475 – 486.

[102] Stark O, Taylor J E. Relative deprivation and migration: Theory, evidence, and policy implications [J]. Working Papers 225851, University of California, Davis, Department of Agricultural and Resource Economics, 1991.

[103] 刘峰. 旅游系统规划——一种旅游规划新思路 [J]. 地理学与国土研究, 1999 (1): 57 – 61.

[104] 田里. 旅游学概论 [M]. 重庆：重庆大学出版社，2019.

[105] 李文亮，翁瑾，杨开忠. 旅游系统模型比较研究 [J]. 旅游学刊，2005（2）：20－24.

[106] 郭长江，崔晓奇，宋绿叶，等. 国内外旅游系统模型研究综述 [J]. 中国人口·资源与环境，2007（4）：101－106.

[107] 翁瑾、杨开忠. 旅游空间结构的理论与应用 [M]. 北京：新华出版社，2005.

[108] 吴必虎. 旅游系统：对旅游活动与旅游科学的一种解释 [J]. 旅游学刊，1998（1）：20－24.

[109] 王桀. 边境旅游：理论探索与实证研究 [M]. 北京：人民出版社，2021.

[110] 邹统钎. 旅游学术思想流派（第二版）[M]. 天津：南开大学出版社，2013.

[111] 张善余. 人口地理学概论（第3版）[M]. 上海：华东师范大学出版社，2013.

[112] 周海旺. 城市女性流动人口社会融入问题研究 [M]. 上海：上海社会科学院出版社，2013.

[113] 赵乐东. 新时期人口流动和流动人口的统计学研究 [J]. 经济经纬，2005（6）：80－83.

[114] 魏津生. 国内人口迁移和流动研究的几个基本问题 [J]. 人口与经济，1984（4）：32－37，50.

[115] 姜玉. 东北地区人口迁移流动及其影响研究 [D]. 长春：吉林大学，2017.

[116] Ruiz – Ballesteros E，Caceres – Feria R. Community-building and amenity migration in community-based tourism development：An approach from southwest Spain [J]. Tourism Management，2016，54：513－523.

[117] 胡淑卉. 生活方式型旅游移民流动模式及动力机制研究 [D]. 徐州：江苏师范大学，2019.

[118] Sun X，Xu H. Lifestyle tourism entrepreneurs' mobility motivations：

A case study on Dali and Lijiang, China [J]. Tourism Management Perspectives, 2017, 24: 64 – 71.

[119] Benson M, O'Reilly K. From lifestyle migration to lifestyle in migration: Categories, concepts and ways of thinking [J]. Migration Studies, 2016, 4 (1): 20 – 37.

[120] Carson D A, Carson D B. International lifestyle immigrants and their contributions to rural tourism innovation: Experiences from Sweden's far north [J]. Journal of Rural Studies, 2018, 64: 230 – 240.

[121] Xu H, Wu Y. Lifestyle mobility in China: Context, perspective and prospects [J]. Mobilities, 2016, 11 (4): 509 – 520.

[122] 里豪克斯, 拉金. QCA 设计原理与应用: 超越定性与定量研究的新方法 [M]. 杜运周, 李永发, 等, 译. 北京: 机械工业出版社, 2019.

[123] 谭海波, 范梓腾, 杜运周. 技术管理能力、注意力分配与地方政府网站建设——一项基于 TOE 框架的组态分析 [J]. 管理世界, 2019, 35 (9): 81 – 94.

[124] Chan J, To H P, Chan E. Reconsidering social cohesion: Developing a definition and analytical framework for empirical research [J]. Social Indicators Research, 2006, 75 (2): 273 – 302.

[125] Van Noorloos F. Residential tourism and multiple mobilities: Local citizenship and community fragmentation in Costa Rica [J]. Sustainability, 2013, 5 (2): 570 – 589.

[126] Schiefer D, Van Der Noll J. The essentials of social cohesion: A literature review [J]. Social Indicators Research, 2017, 132 (2): 579 – 603.

[127] Matarrita – Cascante D, Zunino H, Sagner – Tapia J. Amenity/lifestyle migration in the Chilean Andes: Understanding the views of "the other" and its effects on integrated community development [J]. Sustainability, 2017, 9 (9): 1619.

[128] Ariely G. Does diversity erode social cohesion? Conceptual and

methodological issues [J]. Political Studies, 2014, 62 (3): 573 – 595.

[129] 悦中山, 李树茁, 靳小怡, 等. 从"先赋"到"后致": 农民工的社会网络与社会融合 [J]. 社会, 2011, 31 (06): 130 – 152.

[130] 卢松, 张业臣, 王琳琳. 古村落旅游移民社会融合结构及其影响因素研究——以世界文化遗产宏村为例 [J]. 人文地理, 2017, 32 (4): 138 – 145.

[131] Botterill K. Discordant lifestyle mobilities in East Asia: Privilege and precarity of British retirement in Thailand [J]. Population, Space and Place, 2017, 23 (5): e2011.

[132] Abdul – Aziz A R, Loh C L, Jaafar M. Malaysia's My Second Home (MM2H) Programme: An examination of Malaysia as a destination for international retirees [J]. Tourism Management, 2014, 40: 203 – 212.

[133] 任远, 陶力. 本地化的社会资本与促进流动人口的社会融合 [J]. 人口研究, 2012, 36 (5): 47 – 57.

[134] 肖珺, 李加莉. 跨文化适应研究的解读、进展与趋势——访文化适应理论奠基人约翰·贝瑞教授 [J]. 国外社会科学, 2015 (3): 148 – 152.

[135] Cheong P H, Edwards R, Goulbourne H, et al. Immigration, social cohesion and social capital: A critical review [J]. Critical Social Policy, 2007, 27 (1): 24 – 49.

[136] Tuulentie S, Heimtun B. New rural residents or working tourists? Place attachment of mobile tourism workers in Finnish Lapland and Northern Norway [J]. Scandinavian Journal of Hospitality and Tourism, 2014, 14 (4): 367 – 384.

[137] Cohen S A, Duncan T, Thulemark M. Lifestyle mobilities: The crossroads of travel, leisure and migration [J]. Mobilities, 2015, 10 (1): 155 – 172.

[138] Bosworth G, Farrell H. Tourism entrepreneurs in Northumberland [J]. Annals of Tourism Research, 2011, 38 (4): 1474 – 1494.

[139] Hickman M J, Mai N. Migration and social cohesion：Appraising the resilience of place in London [J]. Population, Space and Place, 2015, 21 (5)：421 – 432.

[140] 田里，柯又萌. 西南地区旅游经济对生态环境影响的实证研究——基于 VAR 模型 [J]. 社会科学家，2021（2）：40 – 46.

[141] 田里，刘亮. 旅游孤岛效应演化机理研究——以云南普者黑旅游区为例 [J]. 地理科学，2021，41（1）：22 – 32.

[142] 田里，宋俊楷. 旅游孤岛效应：旅游区与周边社区的利益博弈 [J]. 思想战线，2020，46（6）：147 – 157.

[143] Rapport D. Towards a comprehensive framework for environmental statistics：A stress-response approach [M]. Ottawa：Statistics Canada，1979.

[144] 李细归，吴清，周勇. 中国省域旅游生态安全时空格局与空间效应 [J]. 经济地理，2017，37（3）：210 – 217.

[145] 何成军，李晓琴，程远泽. 乡村旅游与美丽乡村建设协调度评价及障碍因子诊断 [J]. 统计与决策，2019，35（12）：54 – 57.

[146] 王群，银马华，杨兴柱，等. 大别山贫困区旅游地社会—生态系统脆弱性时空演变与影响机理 [J]. 地理学报，2019，74（8）：1663 – 1679.

[147] 曹红军. 浅评 DPSIR 模型 [J]. 环境科学与技术，2005（S1）：110 – 111，26.

[148] European Environment Agency. Halting the loss of biodiversity by 2010：Proposal for a first set of indicators to monitor progress in Europe [Z]. Copenhagen：European Environment Agency，2007.

[149] 王少华，王璐，王梦茵，等. 新冠肺炎疫情对河南省旅游业的冲击表征及影响机理研究 [J]. 地域研究与开发，2020，39（2）：1 – 7.

[150] 杨俊，关莹莹，李雪铭，等. 城市边缘区生态脆弱性时空演变——以大连市甘井子区为例 [J]. 生态学报，2018，38（3）：778 – 787.

[151] 汪应洛. 系统工程理论、方法与应用（第 2 版）[M]. 北京：高等教育出版社，1998.

[152] 刘宇青, 邢博, 王庆生. 旅游产品创新影响体验感知价值的构型研究 [J]. 经济管理, 2018, 40 (11): 157 - 173.

[153] 孟帅康. 旅游伦理视角下普者黑村生态现状、矛盾及治理研究 [J]. 河北旅游职业学院学报, 2019, 24 (4): 15 - 19.

[154] 徐燕飞, 余贵忠. 乡村振兴下民族生态旅游的法治维度 [J]. 原生态民族文化学刊, 2018, 10 (3): 72 - 77.

[155] 肖敏. 移民地区旅游规划研究 [D]. 成都: 西南交通大学, 2011.

[156] 王芳, 黄远水, 吴必虎. 传统技艺文化遗产旅游活化路径的模型构建研究 [J]. 旅游学刊, 2021, 36 (2): 92 - 103.

[157] 田泽民, 程乾, 石张宇. 旅游者环境责任行为驱动因素——破窗理论的视角 [J]. 社会科学家, 2020 (8): 32 - 37.

[158] 路阳. 国际移民新趋向与中国国际移民治理浅论 [J]. 世界民族, 2019 (4): 58 - 72.

附录 A 景洪市旅游消费移民发展现状访谈记录

访谈者	基本信息	访谈内容
调查者 A	男，60 岁，高中学历，吉林省长春市人，退休（退休工资），年收入 6 万元左右，身体状况良好。2018 年第一次来景洪，2022 年 1 月第二次来景洪	1. 什么时候来，停留多久，多久来一次，什么时候离开？和谁一起来？ 答：一般是 11 月过来，3 月离开，基本上是 5 个月，和老伴儿一起，之后打算每年都过来。 2. 离开景洪之后去哪儿？ 答：过完冬回长春。 3. 离开原居住地的主要原因是什么？选择景洪作为目的地的原因是什么？ 答：原居住地冬天太冷，景洪气候很好，适合养老。 4. 为了到景洪生活，从开始有这个想法，到这个想法实现，产生了哪些主要的花销？ 答：2018 年第一次来景洪就有想法，然后就来景洪住了几个月。2019 年去海南三亚住过一段时间，后来觉得物价太高，今年还是来景洪了，目前是租房，2 个月起租，700~800 元/月，是直接坐飞机过来的，主要花销是机票和住宿租金。 5. 到达景洪安顿好以后，每天主要有哪些开支？ 答：基本就是生活开支，景洪物价比较低，月花费 2000 元左右，偶尔会去附近的旅游景点游玩。 6. 在景洪期间，按照频率高低，主要会去哪些地方？ 答：住宿地点附近的超市、公园，旅游景点等。 7. 在景洪期间，按照花费时间长短，主要会做些什么或参加哪些活动？ 答：在家时间较多，下午吃完饭一般会去公园散步。 8. 在景洪期间，是否与本地人交往？哪些特别令人愉快？哪些让人不怎么舒心？ 答：会和新认识的朋友一起玩儿，他们大多是本地人，多数是来过冬天的老年人。 9. 在景洪期间，生活上让您觉得最不适应的有哪些？心理上让您觉得最不适应的是什么？ 答：绿化方面做得不好，绿植特别灰，觉得和海南三亚相比这方面差得很多。 10. 您会向朋友分享您旅居景洪的经历吗？您会向朋友，同事和家人推荐景洪吗？ 答：会向朋友分享景洪的经历，也会向朋友，同事和家人说景洪，整体来说景洪挺不错的，很适合养老。 11. 您觉得景洪发生了哪些变化？ 答：变化还挺大的，房子盖得越来越多，公交车也更方便些了，更像一个旅游城市了。 12. 如果可以给景洪政府提些意见和建议，您会说些什么？ 答：加强基础设施建设，卫生、设施方面，尤其是道路建设，根据这边的气候条件可以重点打造养老胜地。

续表

访谈者	基本信息	访谈内容
调查者 B	女，63岁，初中学历，吉林省长春市人，年收入 2 万元左右（养老保险），之前自己做生意，现在退休了，有 1 个儿子，身体状况良好。2022 年 1 月第一次到景洪	1. 什么时候来，停留多久，多久来一次，什么时候离开？和谁一起来？ 答：2021 年 12 月 7 日过来的，打算 4 月再离开，和老伴儿一起，之后打算每年都过来。 2. 离开景洪之后会去哪儿？ 答：过完冬回长春，考虑在这边买房，但不会迁户口。 3. 离开原居住地的主要原因是什么？选择景洪作为目的地的主要原因是什么？ 答：有朋友和老乡在景洪，再加上景洪气候，环境很好，适合养老。 4. 为了到景洪生活，从开始有这个想法，到这个想法实现，产生了哪些主要的花销？ 答：听朋友推荐，然后就过来了，把车子留在景洪给我们用。目前是租房，主要花销是租金租金，儿子开车自驾送我们过来的，玩了几天坐飞机回去了。 5. 到达景洪安顿好以后，每天主要有哪些开支？ 答：基本就是些生活开支，景洪物价较高，每月 2000 元左右。 6. 在景洪期间，按照频率高低，主要会去哪些地方？ 答：附近的超市、公园，旅游景点等（觉得告庄夜市特别漂亮）。 7. 在景洪期间，按照花费的时间长短，主要会做些什么或参加哪些活动？ 答：早上晨练，下午到公园散步。 8. 在景洪期间，是否与本地人交往？哪些特别令人愉快？哪些让人不怎么舒心？ 答：会，觉得当地人非常热情和友善，平时生活中也会得到当地人的帮助，没有发生过不愉快。 9. 在景洪期间，生活上让您觉得最不适应的有哪些？心理上让您觉得最不适应的是什么？ 答：早午晚温差过大，其他都还挺好的。 10. 您会和朋友分享您旅居的经历吗？您会向当地人推荐景洪吗？您会说些什么？ 答：会向朋友、同事和家人推荐景洪。 11. 如果可以给景洪市政府提些意见和建议，您会说些什么？ 答：有些景区门票较贵，可以针对我们过冬养老群体，适当降低景区门票。

续表

访谈者	基本信息	访谈内容
调查者 C	女，62 岁，高中学历，吉林省长春市人，退休（退休工资），1 个孩子，身体状况良好。2019 年第一次来景洪，2022 之后每年都过来，2022 年是第四次来景洪	1. 什么时候来，停留多久，多久来一次，什么时候离开？和谁一起来？ 答：一般是 10 月过来，5 月离开，基本上是 7 个月，家里 5 个人一起过来的：父亲（87 岁）、丈夫（64 岁）、姐姐（63 岁）、姐夫（65 岁）、我（62 岁）。 2. 离开景洪之后去哪儿？ 答：过完冬回老家。 3. 离开原居住地的主要原因是什么？选择景洪作为目的地的主要原因是什么？ 答：主要是气候原因，这边空气好。 4. 为了到景洪定居生活，从开始有这个想法，到这个想法实现，产生了哪些主要的花销？ 答：孩子在景洪帮我们买了房子，2019 年第一次过来，是直接坐飞机过来的，主要花销是购房费用、装修、购买家具，每年往返机票等。 5. 到达景洪安顿好以后，每天主要有哪些开支？ 答：日常生活费用，物价低。 6. 在景洪期间，按照频率高低，主要会去哪些地方？ 答：附近的超市、公园、旅游景点等。 7. 在景洪期间，按照花费时间长短，主要会做些什么或参加哪些活动？ 答：一般都在家附近活动，待在家里的时间较短，下午会去公园散步，爸爸年纪大了，不适合到处走动。 8. 在景洪期间，是否有过多接触本地人？ 答：没有过多接触本地人。 9. 在景洪期间，生活上让您觉得最不适应的有哪些？心理上让您觉得最不适应的是什么？ 答：基础设施建设不完善，公园卫生间太少，上卫生间不方便。 10. 您会和朋友分享您旅居景洪的经历吗？您会向朋友、同事和家人推荐景洪吗？ 答：会，适合养老。 11. 基础设施建设发生了哪些变化？ 答：变化不大。 12. 如果提给景洪市政府提些意见和建议，您会说些什么？ 答：建议提高基础设施建设水平。

续表

访谈者	基本信息	访谈内容
调查者 D	男，64 岁，河北省石家庄市人，退休，年收入 3.6 万元左右，身体状况一般（退休工资），2019 年每年都过来，之后每年第一次来景洪，2022 年是第三次来景洪	1. 什么时候来，停留多久，多久来一次，什么时候离开？和谁一起来？ 答：一般是 11 月过来，4 月离开，基本上是 6 个月，和老伴儿一起来的。 2. 离开景洪之后去哪儿？ 答：过完冬回河北，河北夏天比较好。 3. 离开原居住地的主要原因是什么？选择景洪作为目的地的主要原因是什么？ 答：主要是气候原因，适合养病养老。 4. 为了养老来生活，从开始有这个想法，到这个想法实现，产生了哪些主要的花销？ 答：别人介绍过来的，然后在景洪购买了房子，2018 年买的，当时买得还比较贵，没有打算把户口转过来，每次直接坐飞机过来，主要花销是购房费用、装修、购买家具、机票等。 5. 到达景洪安顿好以后，每天主要有哪些开支？ 答：生活费用和医疗费用，觉得景洪的物价和在家正差不多。 6. 在景洪期间，按照频率高低，主要会去哪些地方？ 答：身体不是很好，一般不怎么外出。 7. 在景洪期间，按照花费时间长短，主要会做哪些什么或参加哪些活动？ 答：偶尔在家附近散散步。 8. 在景洪期间，是否与本地人交往？哪些特别令人愉快？哪些让人不怎么舒心？ 答：一般都是和老乡们在一起，好几个老乡住得比较近。 9. 在景洪期间，生活上让您觉得最不适应的有哪些？心理上让您觉得最不适应的是什么？ 答：医疗条件太差，上次生病版纳州医院直接把我转到了昆明的医院，房产证现在还没有办下来。觉得不到是度假区。当时买房说是度假区，但住着感觉不到是度假区。买药较贵。 10. 您会和朋友分享您旅居景洪的经历吗？您会向朋友、同事和家人推荐景洪吗？ 答：会，适合养老。 11. 您觉得景洪发生了哪些变化？ 答：附近环境，绿化在变好。 12. 如果可以给景洪市政府提些意见和建议，您会说些什么？ 答：加大道路设施建设，加大环境建设。

续表

访谈者	基本信息	访谈内容
调查者 E	女，55 岁，山东省济南市人，目前处于退休状态，身体状况良好。2020 年冬天来过景洪，2022 年是第二次来	1. 什么时候来，停留多久，多久来一次，什么时候离开？和谁一起来？ 答：一般是 11 月过来，3 月离开，基本上是 5 个月，和老伴儿一起来的。 2. 离开景洪之后会去哪儿？ 答：过完冬回济南。 3. 离开原居住地的主要原因是什么？选择景洪作为目的地的主要原因是什么？ 答：气候很好，在景洪住很舒服，很喜欢景洪，适合养老。 4. 为了到景洪生活，从开始有这个想法，之前是在海南三亚居住，到这个想法实现，产生了哪些主要的花销？ 答：听朋友介绍过来的，之前是在海南三亚居住，目前是租房住，觉得租房方便，每次直接坐飞机过来，主要花销是住宿租金和机票等。 5. 到达景洪安顿好以后，每天主要有哪些开支？ 答：生活费用。 6. 在景洪期间，按照频率高低，主要会去哪些地方？ 答：不怎么外出，觉得附近公园的景色就很好，偶尔会去景点玩儿。 7. 在景洪期间，按照花费时间长短，主要会做些什么或参加哪些活动？ 答：公园附近散步，有时会晨练和跳广场舞。 8. 在景洪期间，是否与本地人交往？哪些与本地人交往？哪些让人不怎么舒心？ 答：不怎么接触本地人。 9. 在景洪期间，生活上让您觉得最不适应的有哪些？心理上让您觉得最不适应的是什么？环境可能会受到一些影响；医疗设施差，医院规模小。 答：当地人爱吃烧烤，烟太大，灰尘多，环境可能会受到一些影响，医疗设施差，医院规模小。 10. 您会和朋友分享您在景洪的生活，不喜欢向朋友，同事和家人推荐景洪吗？ 答：不会，自己喜欢景洪清静的生活，不喜欢朋友过来凑合。 11. 您觉得景洪发生了哪些变化？ 答：住的地方的交通更加便捷了。 12. 如果可以给景洪市政府提些意见和建议，您会说些什么？ 答：加强道路设施建设，加强环境建设。

续表

访谈者	基本信息	访谈内容
调查者 F	女，70 岁，小学学历，辽宁省沈阳市人，退休（退休工资），年收入 4.2 万元左右，身体状况良好。2019 年第一次来景洪过冬，之后每年都来，2022 年是第三次来	1. 什么时候来，停留多久，多久来一次，什么时候离开？和谁一起来？ 答：一般是 10 月过来，5 月离开，和老伴儿、老乡一起。 2. 离开景洪后去哪儿？ 答：过完冬回沈阳。 3. 离开原居住地的主要原因是什么？选择景洪作为目的地的主要原因是什么？ 答：环境好、天气好，适合养老。 4. 为了到景洪生活，从开始有这个想法，到这个想法实现，产生了哪些主要的花销？ 答：主要花销是机票和住宿租金。 5. 到达景洪安顿好以后，每天主要有哪些开支？每月花费大概多少？ 答：主要是生活开支，景洪物价比较低，每月生活花费 2000 元左右，还有一些额外的旅游开支。 6. 在景洪期间，按照物价高低，主要会去哪些地方？ 答：曼听公园、江边夜市等。 7. 在景洪期间，按照花费时间长短，主要会做些什么或参加哪些活动？ 答：散步。 8. 在景洪期间，是否与本地人交往？哪些特别令人愉快？哪些让人不怎么舒心？ 答：没有接触。 9. 在景洪期间，生活上让您觉得最不适应的有哪些？和家人多久联络一次？主要聊些什么？ 答：不习惯这边的饮食，景洪当地饮食偏酸辣，接受不了大酸的东西；户外公共运动器材太少，我们家那边随处可见运动设施。和孩子联系，大概一周一次，您会向朋友、同事和家人推荐景洪。 10. 您会和朋友分享您旅居景洪的经历吗？您会向朋友、同事和家人推荐景洪吗？ 答：经常向朋友、同事和家人推荐景洪。 11. 您觉得景洪发生了哪些变化？ 答：卫生比原来做得更好。 12. 如果可以给景洪市政府提些意见和建议，您会说些什么？ 答：加强运动设施建设，改善交通、公交车少、景点交通不方便，等待时间长。

续表

访谈者	基本信息	访谈内容
调查者 G	女，59 岁，高中学历，青海省西宁市人，年收入 7 万元（退休工资），之前在电信工作，有 1 个儿子，身体状况良好。这是第二次来景洪，第一次是 2020 年	1. 什么时候来，停留多久，多久来一次，什么时候离开？和谁一起来？ 答：12 月过来的，3 月离开，和老伴儿，老乡一起来。 2. 离开景洪后去哪儿？ 答：过完冬回青海。 3. 离开原居住地的主要原因是什么？选择景洪作为目的地的主要原因是什么？ 答：景洪气候和环境好，青山绿水的。 4. 为了到景洪生活，从开始有这个想法，到这个想法实现，产生了哪些主要的花销？ 答：2019 年的时候听朋友推荐，2020 年过来了，主要花销是机票和住宿租金。 5. 到达景洪安顿好以后，每天主要有哪些开支？每月花费大概多少？ 答：基本就是些生活开支，按照物价看较低，每月花费大概 1500 元。 6. 在景洪期间，按照频率较高，主要会去哪些地方？ 答：主要在曼听公园，其余会去一些旅游景点，如大佛寺、中科院植物园、傣族园、森林公园等。 7. 在景洪期间，按照花费时间长短，主要会做些什么或参加哪些活动？ 答：散步、跳舞、保健操。 8. 在景洪期间，是否与本地人交往？哪些让人怎么舒心？ 答：基本没有，都和一起从青海来的朋友玩儿。 9. 在景洪期间，生活上让您觉得最不适合的有哪些？ 答：医疗条件差，看病不方便，很不安静，之前住着一点儿不适应景洪。 10. 您会向朋友推荐景洪吗？被访谈者说酒店老板人很好，同事和家人推荐景洪。 答：会向朋友，同事和家人推荐景洪。 11. 您觉得景洪发生了哪些变化？ 答：变化不大。 12. 如果可以给景洪市政府提意见和建议，您会说些什么？ 答：公交路线需要改善，还有医疗卫生条件需要改善。

续表

续表

访谈者	基本信息	访谈内容
调查者 H	女，57 岁，本科学历，重庆市南岸区人，年收入 10 多万元，退休前职业为教师，1 个孩子。身体状况良好。以前多次到景洪旅游。2017 年第一次过来过冬，之后每年都来	1. 什么时候来，停留多久，多久来一次，什么时候离开？和谁一起来。 答：一般是 1 月过来，2 月离开，基本上是 2 个月，和老公一起过来。 2. 离开景洪后去哪儿？ 答：过完冬回重庆。 3. 离开原居住地的主要原因是什么？选择景洪作为目的地的主要原因是什么？ 答：主要是气候原因，气候好。 4. 为了原居住生活，从开始有这个想法，到这个想法实现，产生了哪些主要的花销？ 答：2017 年第一次过来，每次直接坐飞机过来，主要花销是机票和住宿租金，住宿 1600 元/月（和朋友一起在勐海买了房子，勐海房价比较便宜）。（询问为什么没在景洪买，被访谈者说前些年景洪房价太贵，每年只是过来过冬，太贵了不划算，所以在勐海买了房子，勐海房价比较便宜）。 5. 到达景洪安顿好以后，每天主要有哪些开支？每月花费大概多少？ 答：生活费用，每天花费大概 3000 元。 6. 在景洪期间，按照频率高低，主要会去哪些地方？ 答：曼听公园、泼水广场。 7. 在景洪期间，按照花费时间长短，主要会做些什么或参加些活动？ 答：散步。 8. 在景洪期间，是否与本地人交往？哪些特别令人愉快？哪些让人不怎么舒心？ 答：基本没有。 9. 在景洪期间，生活上让您觉得最不适应的有哪些？ 答：基础设施差、环境差，服务和重庆相比差很多，住的地方水压很低，去年住的地方天然气坏了怎么修了一个月才好，要是在重庆两三天肯定会修好。 10. 您会和朋友分享您旅居景洪的经历吗？您会向朋友、同事和家人推荐景洪吗？ 答：会推荐。 11. 您觉得景洪发生了哪些变化？ 答：交通更方便了。 12. 如果可以给景洪市政府提些意见和建议，您会说些什么？ 答：提高舒适度，加强交通设施，多开公交线路，去一些景点很不方便，可以参考重庆有一些小巴士，比公交车机动灵活，又能去到一些边角地方。

续表

访谈者	基本信息	访谈内容
调查者 I	男，68岁，高中学历，辽宁省沈阳市人，退休（退休工资），年收入5万元左右，身体状况良好。第一次来景洪是2018年，基本每年都来过来	1. 什么时候来，停留多久，多久来一次？和谁一起来？ 答：一般是11月过来，5月离开，和老伴儿一起过来。 2. 离开景洪后去哪儿？ 答：过完冬回沈阳。 3. 离开原居住地的主要原因是什么？选择景洪作为目的地的主要原因是什么？ 答：天气好，空气好。 4. 为了到景洪生活，从开始有这个想法，到这个想法实现，产生了哪些主要的花销？ 答：2018年别人推荐过来的，每次直接坐飞机过来，住宿费1500元/月，主要花销是机票和住宿租金。 5. 到达景洪安顿好以后，每天主要有哪些开支？每月花费大概多少？ 答：生活费用，都是自己买来做饭的，每月花费2000元左右。 6. 在景洪期间，按照消费率高低，主要去哪些地方？ 答：基本就在附近活动。 7. 在景洪期间，按照花费时间长短，主要会做些什么或参加哪些活动？ 答：散步。 8. 在景洪期间，是否与本地人交往？哪些特别令人愉快？哪些让人不怎么舒心？ 答：没有与当地人有什么接触。 9. 在景洪期间，生活上让您觉得最不适应的有哪些？ 答：没有什么不习惯的地方，都挺好。 10. 您会和朋友分享您旅居景洪的经历吗？您会向朋友、同事和家人推荐景洪吗？ 答：会向别人推荐景洪。 11. 您觉得景洪发生了哪些变化？ 答：交通和卫生更好了。 12. 如果可以给景洪市政府提些意见和建议，您会说些什么？ 答：没有。

续表

访谈者	基本信息	访谈内容
调查者 J	女，63 岁，黑龙江省哈尔滨市人，退休，年收入 8 万元左右（退休工人，之前是工人，身体状况良好。第一次来景洪过冬	1. 什么时候来，停留多久，多久来一次，什么时候离开？和谁一起来？ 答：11 月过来的，打算 3 月离开，和老伴儿一起过来的。 2. 离开景洪后去哪儿？ 答：过完冬回哈尔滨。 3. 离开原居住地的主要原因是什么？选择景洪作为目的地的主要原因是什么？ 答：天气暖和，外面的树木一直是绿油油的，天空也很蓝，看着心情就会很好。 4. 为了到景洪居住的主要花销是什么？ 答：听朋友推荐，从开始有这个想法，到坐飞机过来的，酒店是 1200 元/月，主要花销是住宿租金和机票等。 5. 到达景洪安顿好以后，每天主要有哪些开支？每月花费大概多少？ 答：生活费用，每月花费 1500 元左右。 6. 在景洪期间，按照频率高低，主要会去哪些地方？ 答：基本都在住的附近走动。 7. 在景洪期间，按照花费时间长短，主要会做些什么或参加哪些活动？ 答：晨练和散步。 8. 在景洪期间，是否与本地人交往？哪些特别令人愉快？哪些让人不怎么舒心？ 答：没有。 9. 在景洪期间，生活上让您觉得最不适应的有哪些？ 答：交通不是很方便，曼听公园旁边的公交站点离得太远，走路要十多分钟。 10. 您会和朋友分享您的旅游经历吗？您会向朋友、同事和家人推荐景洪吗？ 答：会向朋友、同事和家人推荐，觉得在景洪过冬挺好的，后面也会考虑继续来。 11. 如果可以给景洪市政府提些意见和建议，您会说些什么？ 答：加强公交建设。

续表

访谈者	基本信息	访谈内容
调查者 K	男，66 岁，河南省郑州市人，没有退休工资，之前做生意赚了一些钱，有 1 个儿子，身体状况良好。这是第二次来景洪。第一次来景洪的时间是 2020 年	1. 什么时候来，停留多久，多久来一次，什么时候离开？和谁一起来？ 答：一般是 10 月过来，4 月离开，和老伴儿一起。 2. 离开景洪后去哪州？ 答：过完冬景洪后回郑州。 3. 离开原居住地的主要原因是什么？选择景洪作为目的地的主要原因是什么？ 答：气候好，暖和，风景好，空气新鲜。 4. 为了到景洪开始这个想法，从开始有这个想法，到这个想法实现，产生了哪些主要的花销？ 答：去年开始有这个想法，每天主要有哪些开支？每月花费大概多少？ 5. 到达景洪安顿好以后，主要是生活开支，每月生活花费 2000 元左右，物价较低。 答：主要是生活开支，每月生活花费 2000 元左右，物价较低。 6. 在景洪期间，主要会去哪些地方？ 答：曼听公园附近。 7. 在景洪期间，按照花销多少，主要会做些什么或参加哪些活动？ 答：散步，每天基本 1 万步以上。 8. 在景洪期间，是否与本地人交往？哪些特别令人偷快？哪些让人不怎么舒心？ 答：没有接触。 9. 在景洪期间，生活上让您觉得最不适应的有哪些？和家人多久联系一次？主要聊些什么？ 答：基本没有什么不适应的，就中午偶尔外出的时候太晒了，一般也不会在中午出门；会和儿子、妹妹联系。 10. 您会和朋友分享您旅居景洪的经历吗？您会向朋友、同事和家人推荐景洪。 答：会向朋友、同事和家人推荐景洪。 11. 您觉得景洪发生了哪些变化？ 答：就来了两次，没觉得有太大变化。 12. 如果可以给景洪市政府提些意见和建议，您会说些什么？ 答：提升环境，加强基础设施建设，提高服务质量。

183

续表

访谈者	基本信息	访谈内容
调查者 L	女，60 岁，高中学历，甘肃省兰州市人，做生意，年收入 10 多万元，身体状况良好。有 1 个女儿。第一次来景洪过冬	1. 什么时候来、停留多久、多久来一次、什么时候离开？和谁一起来？ 答：1 月 8 号过来的，预计 2 月底离开，和老伴儿一起。 2. 离开景洪后去哪儿？ 答：过完冬回兰州。 3. 离开原居住地的主要原因是什么？选择景洪作为目的地的主要原因是什么？ 答：天气好。 4. 为了到达景洪生活，从开始有这个想法，到这个想法实现，产生了哪些主要的花销？ 答：女儿之前来景洪玩过，觉得这边天气很好，所以帮我们安排了这次旅行，酒店是女儿安排好的，不清楚每月多少钱，我们是坐飞机过来的，主要花销是机票和住宿租金。 5. 到达景洪安顿好以后，每天主要有哪些开支？每月花费大概多少？ 答：主要是生活开支和旅游开支，没有算花了多少。 6. 在景洪期间，按照旅游频率高低，主要会去哪些地方？ 答：因为是第一次来，所以各景点基本都去玩儿了一下，比如大佛寺、曼听公园、野象谷等。 7. 在景洪期间，按照花费时间长短，主要会做哪些活动或参加哪些活动？ 答：在景洪期间时间长短，主要会做哪些活动，环境好。 8. 在景洪期间，哪些活动特别令人愉快？哪些让人不怎么舒心？ 答：吃完饭散步，更喜欢到江边散步。 9. 在景洪期间，是否与本地人交往？是否有什么接触？ 答：没有什么接触。 10. 在景洪期间，生活上让您觉得最不适应的有哪些？和家人多久联络一次？主要聊些什么？ 答：不太习惯这边的饮食，不喜欢烧烤；公交车太少，去景点打车比较多，自己打车不方便；和女儿联系，会聊我们在这边玩儿的地方，女儿也会给我们的经历打分？您会向朋友、同事和家人推荐景洪吗？ 答：会。 11. 如果可以给景洪市政府提些意见和建议，您会说些什么？ 答：增加公交车线路，提高交通便捷程度。

续表

访谈者	基本信息	访谈内容
调查者 M	男，65 岁，本科学历，黑龙江省齐齐哈尔市人，年收入 8 万元（退休工资），之前是公务员，有 1 个儿子，身体状况良好。第一次来景洪	1. 什么时候来，停留多久，多久来一次，什么时候离开？和谁一起来？ 答：11 月过来的，打算 4 月离开，和老伴儿一起来。 2. 离开景洪后去哪儿？ 答：过完冬回齐齐哈尔。 3. 离开原居住地的主要原因是什么？选择景洪作为目的地的主要原因是什么？ 答：适合过冬和养老。 4. 为了到景洪生活，从开始有这个想法，到这个想法实现，产生了哪些主要的花销？ 答：朋友推荐，租房，2000 元/月，主要花销是机票和住宿租金。 5. 到达景洪安顿好以后，生活开支有哪些开支？每月花费大概 2000 元。 答：生活开支，按照频率高低，每天主要有哪些开支？每月花费大概 2000 元。 6. 在景洪期间，有时候会去一些景区玩儿，主要会去哪些地方？ 答：一般待在家里，去超市买菜多一点儿。 7. 在景洪期间，按照花费时间长短，主要会做些什么或参加哪些活动？ 答：散步。 8. 在景洪期间，是否与本地人交往？哪些特别令人愉快？哪些让人不怎么舒心？ 答：基本没有。 9. 在景洪期间，生活上让您觉得最不适应的有哪些？ 答：吃不习惯这边的食物，都是自己买来做饭。 10. 您会和朋友分享您旅居景洪的经历吗？您会向朋友、同事和家人推荐景洪。 答：会向朋友、同事和家人推荐景洪。 11. 如果可以给景洪市政府提些意见和建议，您会说些什么？ 答：提升服务。

续表

访谈者	基本信息	访谈内容
调查者 N	男，62 岁，本科学历，江苏省南京市人，年收入 7 万~8 万元（退休工资），退休前在公安局工作，身体状况良好。第二次来景洪，2020 年第一次来	1. 什么时候来、停留多久、多久来一次，什么时候离开？和谁一起来。 答：一般是 11 月过来，4 月离开，夫妻一起来。 2. 离开景洪后去哪儿？ 答：过完冬回南京。 3. 离开原居住地的主要原因是什么？选择景洪作为目的地的主要原因是什么？ 答：天气好，适合过冬。 4. 为了到景洪生活，从开始有这个想法，到这个想法实现，产生了哪些主要的花销？ 答：租房子，1500 元左右月，坐飞机过来，主要花销是机票和住宿租金。 5. 到达景洪安顿好以后，每天有哪些开支？每月花费大概多少？ 答：生活费用，每月花费大概 3000~4000 元。 6. 在景洪期间，按照频率高低，主要会去哪些地方？ 答：居住地附近，一般都在市内活动，江边比较多。 7. 在景洪期间，按照花费时间长短，主要会做些什么或参加哪些活动？ 答：散步。 8. 在景洪期间，是否与本地人交往？哪些让人特别令人愉快？哪些让人不太怎么舒心？ 答：没有。 9. 在景洪期间，生活上让您觉得最不适应的有哪些？ 答：不习惯饮食。 10. 您会和朋友分享您来旅居景洪的经历吗？您会向朋友、同事和家人推荐景洪吗？ 答：会推荐，气候好、干净、绿化好。 11. 您觉得景洪发生了哪些变化？ 答：疫情期间人少了很多，之前每天到这时候散步的人都特别多，椅子几乎没有空着的。 12. 如果景洪市可以给景洪市政府提些意见和建议，您会说些什么？ 答：没有。

续表

访谈者	基本信息	访谈内容
调查者 O	男，65 岁，高中学历，甘肃省白银市人，退休（退休工资），年收入 6 万元左右，身体状况良好。第一次来景洪是 2017 年，此后基本上每年都过来	1. 什么时候来、停留多久、多久来一次、什么时候离开？和谁一起来？ 答：一般是 11 月过来，5 月离开，和老伴儿一起来。 2. 离开景洪后去哪儿？ 答：过完冬回甘肃白银。 3. 离开原居住地的主要原因是什么？选择景洪作为目的地的主要原因是什么？ 答：这边气候好。 4. 为了到景洪生活，从开始有这个想法，到这个想法实现，产生了哪些主要的花销？ 答：每次直接坐飞机过去。 5. 到达景洪后安顿好以后，住宿费 1500 元/月，主要花销是机票和住宿租金。每月花费大概多少？ 答：生活费用，每月花费 1500 元左右。 6. 在景洪期间，按照频率高低，主要会去哪些地方？ 答：基本就在附近活动。 7. 在景洪期间，按照花费时间长短，主要会做些什么或参加哪些活动？ 答：散步、跑步、基本隔一天跑一次步。 8. 在景洪期间，是否与本地人交往？哪些让人特别令人愉快？哪些让人不怎么舒心？ 答：没有。 9. 在景洪期间，生活上让您觉得最不适应的有哪些？ 答：没有，都挺好的。 10. 您会和朋友分享您来旅居景洪的经历吗？您会向朋友、同事和家人推荐景洪吗？ 答：会向别人推荐景洪。 11. 您觉得景洪发生了哪些变化？ 答：交通更方便了，卫生也更好了。 12. 如果可以给景洪市政府提些意见和建议，您会说些什么？ 答：加强运动设施建设。

访谈者	基本信息	访谈内容
调查者 P	女，60 岁，上海市徐汇区人，年收入 9 万元左右（退休工资），目前处于退休状态，身体状况良好，第一次来景洪	1. 什么时候来，停留多久，多久来一次，什么时候离开？和谁一起来？ 答：12 月过来的，打算 2 月过完年离开，和老伴儿一起。 2. 离开景洪后去哪儿？ 答：过完冬回上海。 3. 离开原居住地的主要原因是什么？选择景洪作为目的地的主要原因是什么？ 答：朋友在家在这边，过来玩儿，顺便过冬。 4. 为了到景洪生活，从开始有这个想法，到这个想法实现，产生了哪些主要的花销？ 答：坐飞机过来的，主要花销是机票。 5. 到达景洪安顿好以后，每天主要有哪些开支？每月花费大概多少？ 答：住在朋友家，平常买点儿菜，偶尔出来玩，没太多花费。 6. 在景洪期间，按照居住附近走动，偶尔去哪些景区玩儿。 答：基本都在住的附近走动，偶尔去景区玩儿。 7. 在景洪期间，按照花费时间长短，主要去做哪些什么或参加哪些活动？ 答：江边散步，偶尔和朋友一起打麻将。 8. 在景洪期间，是否与本地人交往？哪些特别令人愉快？哪些令人不怎么舒心？ 答：除了朋友，偶尔会和这边的朋友有一些接触，人都很好。 9. 在景洪期间，生活上让您觉得最不适应的有哪些？ 答：没有，都很方便。 10. 您会和朋友分享您在景洪的经历吗？您会向朋友、同事推荐景洪吗？ 答：会向朋友、同事和家人推荐，这边气候很好。 11. 如果可以给景洪市政府提些意见和建议，您会说些什么？ 答：没有。

续表

访谈者	基本信息	访谈内容
调查者Q	女，60岁，浙江省丽水市人，年收入8万元（退休工资），已经退休，之前是公务员，身体状况良好，1个儿子，第一次来景洪	1. 什么时候来，停留多久，多久来一次，什么时候离开？和谁一起来？ 答：11月过来的，预计2月离开，和老伴儿一起，儿子前天放假也过来了。 2. 离开景洪后去哪儿？ 答：过完冬回丽江。 3. 离开原居住地的主要原因是什么？选择景洪作为目的地的主要原因是什么？ 答：离开原居住地的主要原因是天气，适合生活。 4. 为了到景洪生活，从开始有这个想法，到实现，产生了哪些主要的花销？ 答：听说这边气候好以后，就过来了，主要花销是机票和住宿租金。 5. 到达景洪安顿好以后，每天主要生活开支，每月花费大概多少？ 答：基本就是生活开支，按照居住地的生活开支，租房1500元/月，每月生活费2000元左右，物价较低。 6. 在景洪期间，按照临近的附近活动，主要会去哪些地方？ 答：一般都是在景洪附近活动，去过一些景点，对这边的景不感兴趣，没有自然景点，都是人为打造的。 7. 在景洪期间，按照花费时间长短，主要会做哪些活动？ 答：晚饭前散步，散完步再回家吃饭。 8. 在景洪期间，是否与本地人交住？ 答：没有接触。 9. 在景洪期间，生活上让您觉得最不适应的有哪些？和家人多久联络一次？主要聊些什么？ 答：没有什么不太适应的，之前会和儿子联系，现在儿子也过来陪我们了。 10. 您会和朋友分享您旅居的经历吗？您会向同事、同事和家人推荐景洪吗？ 答：会推荐。 11. 如果可以给景洪市政府提些意见和建议，您会说些什么？ 答：旅游开发有待提高，旅游产品过于单一，景区门票较贵，办暂住证才能景区免费，比较麻烦，政府想打造的应该是怎么留住游客，怎么促进消费，要有大局观。

续表

访谈者	基本信息	访谈内容
调查者 R	男，62 岁，高中学历，浙江省杭州市人，自己做人在管，现在生意交给别人在管，身体状况良好。这是第三次来景洪过冬	1. 什么时候来，停留多久，多久来一次，什么时候离开？和谁一起来？ 答：一般 11 月过来的，3 月离开，和老伴儿一起。 2. 离开景洪后去哪儿？ 答：过完冬回杭州。 3. 离开原居住地的主要原因是什么？选择景洪作为目的地的主要原因是什么？ 答：气候好。 4. 为了到景洪生活，从开始有这个想法，到这个想法实现，产生了哪些主要的花销？ 答：2019 年，说走就走的旅行，到这里都会去很多地方旅游，现在景洪费大多了，机票住宿花得多，每年都会去很多地方旅游，酒店 3000 元/月，想心，担心变成空城）。 5. 到达景洪安顿好以后，每天主要有哪些开支？每月花费大概多少？ 答：一般也就是吃住开的开支，每月花费不固定，随心，想买什么就买了。 6. 在景洪期间，按照频率高低，主要会去哪些地方？ 答：一般待在家，在附近活动。 7. 在景洪期间，按照花费时间长短，主要会做什么或参加哪些活动？ 答：在家炒股、江边散步。 8. 在景洪期间，是否会与本地人交往？哪些让人愉快？哪些让人不怎么舒心？ 答：没有接触。 9. 在景洪期间，生活上让您觉得最不适应的有哪些？ 答：饮食不太习惯。 10. 您会和朋友分享您旅居景洪的经历吗？您会向朋友、同事和家人推荐景洪吗？ 答：会，过冬更好的，海南气候也好，但风大大，物价高，不适合养老。 11. 您觉得景洪发生了哪些变化？ 答：没觉得有大大变化，环境好了一些吧。 12. 如果可以给景洪市政府提些意见和建议，您会说些什么？ 答：提升城市规范化建设、提高管理能力、提升服务，可以借鉴杭州。

续表

访谈者	基本信息	访谈内容
调查者 S	男,57 岁,本科学历,北京市人,职业:佛像画家,身体状况良好。20 多岁的时候来来过这边写生,之后旅游来来过很多次,2018 年第一次过冬,之后几乎每年都来	1. 什么时候来、停留多久、多久来一次?什么时候离开?和谁前去走、和太太一起来? 答:一般 11 月、12 月过来,过年前后走,但有时候也会过完年再来,和太太一起。 2. 离开景洪后去哪儿? 答:过完冬回北京。 3. 离开原居住地的主要原因是什么?选择景洪作为目的地的主要原因是什么? 答:气候暖和。 4. 为了到景洪生活,从开始有这个想法,到这个想法实现,产生了哪些主要的花销? 答:2018 年在景洪买了房子,主要花销包括购房、机票等。在昆明也买了房,主要花销是差不多 8000~10000 元/平方米,来景洪的时候是坐飞机,有时候是自己开车,有时候 5. 到达景洪安顿好以后,每天主要有哪些开支?每月花费大概多少? 答:基本都是生活开支,每月花费大概 10000 元/月。 6. 在景洪期间,按照频率高低,主要会去哪些地方? 答:一般都待在画室和家里。 7. 在景洪期间,按照花费时间长短,主要会做些什么或参加哪些活动? 答:画室画画。 8. 在景洪期间,是否与本地人交往?哪些特别令人愉快?哪些让人不怎么舒心? 答:很少,基本不接触,没时间出去,不出去。 9. 在景洪期间,生活上让您觉得最不适应的有哪些? 答:没有。 10. 您会和朋友分享您居景洪旅的经历吗?您会向朋友、同事和家人推荐景洪吗? 答:会,整体来说挺好的。 11. 您觉得景洪发生了哪些变化? 答:污染和灰尘更少了。 12. 如果可以给景洪市政府提些意见和建议,您会说些什么? 答:没有。

续表

访谈者	基本信息	访谈内容
调查者T	女,60岁,高中学历,辽宁省沈阳市人,年收入在3万多元,退休,之前在公司工作,身体状况良好。去年第一次来景洪,今年第二次	1. 什么时候来,停留多久,多久来一次,什么时候离开?和谁一起来? 答:一般是12月过来,4月离开,和老伴儿一起。 2. 离开景洪后去哪儿? 答:过完冬回沈阳。 3. 离开原居住地的主要原因是什么?选择景洪作为目的地的主要原因是什么? 答:气候好,环境好。 4. 为了到景洪居住生活,从开始有这个想法,到这个想法实现,产生了哪些主要的花销? 答:去年朋友推荐,然后就过来了,我自驾过来的,租房,1700元/月,主要花销是住宿租金。 5. 到这景洪安顿好以后,每天主要有哪些开支?每月花费大概多少? 答:主要是生活开支,大概3000元/月(包活物业、水电费、饮食)。 6. 在景洪期间,按照频率高低,主要会去哪些地方? 答:去年来的时候去各景区玩过了,今年基本来就只在小区里活动。 7. 在景洪期间,按照花费时间长短,主要会做些什么或参加哪些活动? 答:跳舞、散步。 8. 在景洪期间,是否与本地人交往?哪些特别令人愉快?哪些让人不怎么舒心? 答:很少,外地人接触比较多,人都挺好相处的。 9. 在景洪期间,生活上让您觉得最不适应的有哪些? 答:小区里买菜、交通不太方便,拿快递也特别不方便,得去嘎洒拿。 10. 您会向朋友、同事和家人推荐景洪吗? 答:会推荐,这里挺好的。 11. 您觉得景洪发生了哪些变化? 答:没怎么去过市内,不清楚。 12. 如果可以给景洪市政府提些意见和建议,您会说些什么? 答:主要是交通,然后就是医院,附近没有医院,看病得去市里的医院,特别不方便。

续表

访谈者	基本信息	访谈内容
调查者 U	男，70岁，北京市人，硕士研究生学历，年收入20万元，之前是公务员（退休工资），身体状况良好，有1个女儿。2016年第一次来景洪，之后就常来景洪	1. 什么时候来，停留多久，多久来一次，什么时候离开，和谁一起来的？ 答：基本是12月过来，2月离开，和我太太一起来的。 2. 离开景洪后去哪儿？ 答：过完冬回北京。 3. 离开原居住地的主要原因是什么？选择景洪作为目的地的主要原因是什么？ 答：北京冬天太冷了，气候不好，这边气候好，物价也低。 4. 为了到景洪生活，从开始有这个想法，到这个想法实现，产生了哪些主要的花销？ 答：2016年左右在北京小区的公园里散步，然后有人向我介绍景洪这边的房子，就过来买了房，当时房价很低，每平方米3000多元，还是精装修。当时听着觉得特别不错，就过来，后来买家具和电器大概花了3万多，我们每次都是坐飞机过来。 5. 到达景洪安顿好以后，每天主要有哪些开支？每月花费大概多少？ 答：每天就是些生活开支，不太高，每月没有固定金额。 6. 在景洪期间，按照频率高低，主要会去哪些地方？ 答：在景区去得少，我喜欢摄影，偶尔会去附近的傣寨和哈尼族村寨拍照。 7. 在景洪期间，按照花费时间长短，主要会做些什么或参加哪些活动？ 答：摄影、散步、钓鱼。 8. 在景洪期间，是否与本地人交往？哪些特别令人愉快？哪些让人不怎么舒心？ 答：和本地人基本没有什么接触，喜欢安静一点儿的生活。 9. 在景洪期间，生活上让您觉得最不适应的有哪些？ 答：就小区来说的话交通不太方便，这边公交公司负责交通，但位置比较偏远，公交车班次太少，两个小时左右才有一班，但可以理解，这边人不是太多，公交公司也不赚钱，要想解决这个问题只能由政府出面，其他的我觉得都挺好的。 10. 您会和朋友分享您在景洪的经历吗？您会向朋友、同事和家人推荐景洪吗？ 答：会的。会推荐。 11. 您觉得景洪发生来了哪些变化？ 答：城市建设越来越乱，可以说完全没什么规划，到处是新房，到处是空房。 12. 如果可以给景洪市政府提些意见和建议，您会说些什么？ 答：注重景洪城市整体规划布局，整顿远远发展，注重长远规划，引进大开发商好好规划，可以把村寨规划和城市规划结合起来，发挥"一带一路"区位优势，不要只局限于眼前利益，注重人才引进，加强宣传力度。

访谈者	基本信息	访谈内容
调查者 V	女，52 岁，高中学历，北京市人，没有工作，之前在家做全职太太，目前在帮女儿带孩子，身体状况良好。2017 年第一次来景洪，之后经常来	1. 什么时候来，停留多久，多久来一次？和谁一起来？ 答：基本寒假和暑假都会带小朋友过来，和丈夫、女儿和两个孙女一起过来。 2. 离开景洪后去哪儿？ 答：回北京。 3. 离开原居住地的主要原因是什么？选择景洪作为目的地的主要原因是什么？ 答：气候好，小朋友冬天在北京皮肤特别干燥，来景洪住上一星期自己就好了，我自己也特别喜欢这边的环境和气候。 4. 为了到景洪生活，从开始有这个想法，到这个想法的实现，产生哪些主要的花销？ 答：2017 年在景洪买了房子，6000 元左右一平方米，精装房，家具和电器大概花了 10 多万元，因为有小朋友，所以配备得比较齐全，坐飞机过来。 5. 到达景洪安顿好以后，每天主要有哪些开支？每月花费大概多少？ 答：生活开支，每月花费大概 10000 元。 6. 在景洪期间，按照频率高低，主要会去哪些地方？ 答：带小朋友也不去哪里，就在小区内活动。 7. 在景洪期间，按照花费高低，主要会做些什么或参加哪些活动？ 答：带孩子，做做运动，去市里超市买东西。 8. 在景洪期间，是否与本地人交往？ 答：没有。 9. 在景洪期间，哪些特别令人愉快？哪些特别最不适应的有哪些？ 答：没有。 10. 您会和朋友分享您旅居景洪的经历吗？您会向朋友、同事和家人推荐景洪吗？ 答：会推荐。 11. 您觉得景洪发生了哪些变化？ 答：没太大变化，房子更多了，小区内绿化越来越好了。 12. 如果可以给景洪市政府提些意见和建议，您会说些什么？ 答：希望小区内的交通能更方便一些。

续表

访谈者	基本信息	访谈内容
调查者 W	男，68 岁，高中学历，四川省成都市人，年收入 7 万元左右（退休工资），之前从事文艺方面的工作，身体状况良好。2018 年第一次到景洪过冬，之后几乎每年都来	1. 什么时候来，停留多久，多久来一次，什么时候离开？和谁一起来？ 答：一般是 12 月过来，2 月离开，有时候小孙女女儿也会一起过来。 2. 离开景洪后去哪儿？ 答：过完冬回成都。 3. 离开原居住地的主要原因是什么？选择景洪作为目的地的主要原因是什么？ 答：这边气候好，环境好，来过冬。 4. 为了到景洪过生活，从开始有这个想法，到这个想法实现，产生了哪些主要的花销？ 答：在这边买了房，我太太买了房子和家具电器这些的价格，每次直接坐飞机过来。 5. 到达景洪安顿好以后，我每天要有哪些开支？每月花费大概多少？ 答：生活费用，随心。 6. 在景洪期间，按照频率高低，主要会去哪些地方？ 答：之前去过一些地方，没什么好玩的，小区内绿化和环境就很好，基本就在小区内活动。 7. 在景洪期间，按照花费时间长短，主要会做哪些或参加哪些活动？ 答：散步，运动。 8. 在景洪期间，是否与本地人交往？是否与本地居民友好？哪些特别令人愉快？哪些让人不怎么舒心？ 答：没有。 9. 在景洪期间，生活上让您觉得最不适应的有哪些？ 答：没有，都很好。 10. 您会和朋友分享您来景洪的经历吗？您会向朋友、同事和家人推荐景洪吗？ 答：会。 11. 您觉得景洪发生了哪些变化？ 答：小区建设得更完善了。 12. 如果可以给景洪市政府提些意见和建议，您会说些什么？ 答：改善医疗设施提高医疗水平。

续表

访谈者	基本信息	访谈内容
调查者 X	男，63 岁，黑龙江哈尔滨市人，年收入 6 万元左右（退休企业工资），身体状况良好。2018 年第一次来景洪，之后经常来	1. 什么时候来、停留多久、多久来一次？和谁一起来？ 答：11 月过来的，4 月离开，和老伴儿一起。 2. 离开景洪后去哪儿？ 答：过完冬回哈尔滨。 3. 离开原居住地的主要原因是什么？选择景洪作为目的地的主要原因是什么？ 答：这边气候很好，适合养老，在这边身体比较好。 4. 为了到景洪生活，从开始有这个想法，到这个想法实现，产生了哪些主要的花销？ 答：2018 年在这边买了房子，差不多六七十元一平方米，家具和电器花了两万多元。 5. 到达景洪安顿好以后，每天主要有哪些开支？每月花费大概多少？ 答：生活开支，每月花费 2500 元左右。 6. 在景洪期间，按照频率高低，主要会去哪些地方？ 答：基本就在小区内活动。 7. 在景洪期间，按照花费时间长短，主要会做些什么或参加哪些活动？ 答：喝茶、看电视、散步。 8. 在景洪期间，是否与本地人交往？哪些特别令人愉快？哪些让人不怎么舒心？ 答：没有太多接触。 9. 在景洪期间，生活上让您觉得最不适应的有哪些？ 答：没有不适应的。 10. 您会和朋友分享您景洪旅居的经历吗？您会向朋友、同事和家人推荐景洪吗？每次是坐飞机过来。 答：会推荐。 11. 您觉得景洪发生了哪些变化？ 答：环境更好了。 12. 如果可以给景洪市政府提意见和建议，您会说些什么？ 答：没有。

附录 B 景洪市旅游消费移民再嵌效应访谈记录

访谈者	基本信息	访谈内容
调查者 A	女，50 岁，星湖湾小区，物业管理员	1. 您好，作为本地人，您认为景洪市的外地人多吗？他们在景洪主要做什么？ 答：挺多的，打工、过冬、做生意。 2. 您是否和他们有过接触？在哪些地方？发生了什么？ 答：偶尔，会在外地人开的餐馆吃饭。 3. 您认为旅游消费移民对本地人产生了哪些影响？ 答：导致物价提高，抬高房价，看病就医排长队（前段时间带小孩去看病排了很久人的队），交通拥挤，车多人多。 4. 您和您周围的人是否喜欢旅游移民？ 答：不喜欢，人多难在（生活不舒适）。 5. 您和您周围的人如何评价旅游消费移民？ 答：少数人很难打交道，不喜欢和外地人相处，感觉外地人比较有优越感。 6. 您和您周围的人与旅游移民相处有无困难？ 答：困难谈不上，不怎么相处。 7. 您和您周围的人对旅游消费移民有什么建议？ 答：尊重我们当地的习俗和习惯。
调查者 B	男，36 岁，快递员，星湖湾小区	1. 您好，作为本地人，您认为景洪市的外地人多吗？他们在景洪主要做什么？ 答：多，做生意、打工、养老都有。 2. 您是否和他们有过接触？在哪些地方？发生了什么？ 答：有一些接触，在小区里和拿快递的时候，偶尔会聊上几句，不太多。 3. 您认为旅游消费移民对本地人产生了哪些影响？ 答：物价提高，房价提高，人多了，尤其冬天。

续表

访谈者	基本信息	访谈内容
调查者 B	男，36 岁，快递员，星湖湾小区	4. 您和您周围的人是否欢迎旅游消费移民？ 答：不喜欢，外地人越多，物价就越高，越来越多的外地人在景洪买房，导致房价升高，本地人更难买房，本来景洪的工资就不高。 5. 您周围的人如何评价旅游消费移民？ 答：不好相处，他们觉得我们很落后。 6. 您和您周围的人与旅游消费移民相处有无困难？ 答：一般，没有太多的交流。 7. 您和您周围的人对旅游消费移民有什么建议？ 答：就尊重这边的习惯吧，毕竟一方水土养一方人，来到这里希望尊重这边的习惯。
调查者 C	女，31 岁，超市收银员，星湖湾小区旁边的超市	1. 您好，作为本地人，您认为景洪市的外地人多吗？他们在景洪主要做什么？ 答：挺多，做生意、开店、打工、过冬。 2. 您是否和他们有过接触？在哪些地方？发生了什么？ 答：有一些接触，他们来超市买东西的时候，其余时候没有太多接触。 3. 您认为旅游消费移民对本地人产生了哪些影响？ 答：主要是房价炒得很多，现在景洪盖了很多房子，但还是比较贵，本地人越来越买不起。 4. 您和您周围的人是否欢迎旅游消费移民？ 答：不喜欢外地人来。 5. 您和您周围的人与旅游消费移民相处有无困难？ 答：一般吧。 6. 您和您周围的人对旅游消费移民有什么建议？ 答：希望不要再炒房子了，房价太高了。 7. 您和您周围的人对旅游消费移民相处有无困难？ 答：还好。

续表

访谈者	基本信息	访谈内容
调查者 D	女，29 岁，公司会计，嘎洒	1. 您好，作为本地人，您认为景洪市的外地人多吗？他们在景洪主要做什么？ 答：景洪市的外地人挺多，在景洪市主要是做生意、打工。 2. 您是否和他们有过接触？在哪些地方？发生了什么？ 答：偶尔接触，在餐馆、公园、超市、景点等，主要是提供服务。 3. 您认为旅游消费移民对本地人产生了哪些影响？ 答：外地人大量涌入、房价上涨；交通比较拥挤，有的外地人素质高，有的外地人素质低，叽叽喳喳的，不分场合，似乎城市建设加快了些。 4. 您和您周围的人是否喜欢旅游消费移民？ 答：没有太大感觉，不排斥，也不喜欢。 5. 您和您周围的人如何评价旅游消费移民？ 答：部分人特别能吹牛皮，自带优越感，自觉高人一等似的，不过很多外地人还是挺好的。 6. 您和您周围的人与旅游消费移民相处有无困难？ 答：没有。 7. 您和您周围的人对旅游消费移民有什么建议？ 答：小部分人注意个人素质。
调查者 E	女，33 岁，保险公司柜面人员，嘎洒	1. 您好，作为本地人，您认为景洪市的外地人多吗？他们在景洪主要做什么？ 答：多，主要做餐饮生意以及销售。 2. 您是否和他们有过接触？在哪些地方？发生了什么？ 答：有，在之前的地产公司，房产销售员好多是外地人，工作上有接触。 3. 您认为旅游消费移民对本地人产生了哪些影响？ 答：觉得更多是负面的影响，经常在公共场所与当地人发生争执，房价炒高了不少。 4. 您和您周围的人是否欢迎旅游消费移民？ 答：不欢迎。

199

续表

访谈者	基本信息	访谈内容
调查者E	女，33岁，保险公司柜面人员，嘎洒	5. 您和您周围的人如何评价旅游消费移民？ 答：比较负面。 6. 您和您周围的人与旅游消费移民相处有无困难？ 答：有困难。 7. 您和您周围的人对旅游消费移民有什么建议？ 答：希望能安分守己一些。
调查者F	女，28岁，房地产行政人员，雅居乐	1. 您好，作为本地人，您认为景洪市的外地人多吗？他们在景洪主要做什么？ 答：比较多，尤其北方人，主要是做生意、投资、养老。 2. 您是否和他们有过接触？在哪些地方？发生了什么？ 答：有过接触，在融创、茂和、告庄等一些小店等都是他们经营且提供服务的。 3. 您认为旅游消费移民对本地人产生了哪些影响？ 答：外地人对景洪的经济方面产生了巨大影响，所以购房来投资或者作为他们的养老地，因此物价、房价从原来均价3000元提升到了现在的8000元左右，很多北方人喜欢这边，同时也推动着房价都较之前提高了很多，很多北方人喜欢这边的气候，觉得适合长期居住。同时，原本充满异域风情的热带地区，也融入了一些北方特色，北方的餐饮店增多。 4. 您和您周围的人是否欢迎旅游消费移民？ 答：欢迎。 5. 您和您周围的人如何评价旅游消费移民？ 答：喜欢，多数人还挺好的。 6. 您和您周围的人与旅游消费移民相处有无困难？ 答：没有困难，相处融洽。 7. 您和您周围的人对旅游消费移民有什么建议？ 答：在外地人的带动下，版纳房价已经高到让很多本地人买不起房，所以希望外地人不要再炒房了。

续表

访谈者	基本信息	访谈内容
调查者 G	男，56岁，保安，雅居乐	1. 您好，作为本地人，您认为景洪市的外地人多吗？他们在景洪主要做什么？ 答：多，北方人很多，主要是做生意，买房过冬养老。 2. 您是否和他们有过接触？在哪些地方？发生了什么？ 答：有接触，但接触不太多，基本在小区内，小区内居住的多数都是外地人。 3. 您认为旅游消费移民对本地人产生了哪些影响？ 答：物价和房价对本地来说高了很多，特别是房价。 4. 您和您周围的人如何评价旅游消费移民？ 答：欢迎。 5. 您和您周围的人与旅游消费移民相处？ 答：比较好相处，像我上班的时候他们进出我都会问候，他们大多数人也都会回应我。 6. 您和您周围的人与旅游消费移民相处有什么困难？ 答：没有什么困难。 7. 您和您周围的人对旅游消费移民有什么建议？ 答：没有。
调查者 H	男，45岁，从事建筑行业，雅居乐	1. 您好，作为本地人，您认为景洪市的外地人多吗？他们在景洪主要做什么？ 答：多，主要是做生意，度假、旅游。 2. 您是否和他们有过接触？在哪些地方？发生了什么？ 答：有接触，帮他们装修。 3. 您认为旅游消费移民对本地人产生了哪些影响？ 答：造成房价升高，本地人的就业机会相对来说减少了，同时带来一些不同的观念，总的来说在一定程度上带动了景洪经济的发展。 4. 您和您周围的人是否欢迎旅游消费移民？ 答：欢迎。 5. 您和您周围的人如何评价旅游消费移民？ 答：基本上都比较好相处。 6. 您和您周围的人与旅游消费移民相处有无困难？ 答：没有困难。 7. 您和您周围的人对旅游消费移民有什么建议？ 答：尊重当地人习俗习惯。

续表

访谈者	基本信息	访谈内容
调查者 I	女，47 岁，政府办公人员，三分场	1. 您好，作为本地人，您认为景洪市的外地人多吗？他们在景洪主要做什么？ 答：多，主要是做生意、经商、养老。 2. 您是否和他们有过接触？在哪些地方？ 答：有过接触，他们主要去开小超市、餐馆，提供服务。 3. 您认为旅游消费移民对本地人产生了哪些影响？ 答：外地人大量涌入导致需求增多、物价上涨；景洪气候好，很多北方人在景洪买房养老，房产需求增加、房价上涨，外来企业涌入的同时也增加了本地的就业机会，更多人开始考虑在本地就业，而不是外出务工。本地作为傣族自治区，外地人涌入可以看到越来越多别样的外地车辆。景洪的道路并不宽敞，多民族共同生活，除部分风俗习惯不同外，生活习惯大致相同，在马路上可以看到更多人的习俗特点。人流增多、噪声、拥挤等问题也日益显现。外地人涌入的同时也带来了更多吸收外来文化的观念，使更多本地人在吸收外来文化。 4. 您和您周围的人是否欢迎本地旅游消费移民？ 答：作为本地人，我们十分欢迎外地人的到来，但同时也希望外地人文明谦虚有礼，尊重当地文化。 5. 您和您周围的人如何评价旅游消费移民？ 答：大多数外地人十分豪爽，为人处世都还不错，但也有部分人员不遵守当地宗教文化习俗，语言粗俗，行为不当。 6. 您和您周围的人与旅游消费移民相处有无困难？ 答：没有困难。 7. 您和您周围的人对旅游消费移民有什么建议？ 答：文明谦虚有礼，尊重当地文化。
调查者 J	女，29 岁，公司行政员工，三分场	1. 您好，作为本地人，您认为景洪市的外地人多吗？他们在景洪主要做什么？ 答：多，冬季会更多，旅游、过冬、做生意。 2. 您是否和他们有过接触？在哪些地方？发生了什么？ 答：有，夜市集、超市、医院、公园等都能遇到，没有太多交集。 3. 您认为旅游消费移民对本地人产生了哪些影响？ 答：主要是房价上涨，拉动房地产经济，公共区域变得嘈杂、拥挤，影响了景洪市容市貌。 4. 您和您周围的人是否欢迎旅游消费移民？ 答：一般。

续表

访谈者	基本信息	访谈内容
调查者 J	女，29 岁，公司行政员工，三分场	5. 您和您周围的人如何评价旅游消费移民？ 答：部分人素质差。 6. 您和您周围的人与旅游消费移民相处有无困难？ 答：无交集。 7. 您和您周围的人对旅游消费移民有什么建议？ 答：提高个人素质，尊重本土文化，爱护环境卫生，禁止占用公共资源做一些影响市容市貌的行为。
调查者 K	男，46 岁，打印店老板，嘎栋	1. 您好，作为本地人，您认为景洪市的外地人多吗？他们在景洪主要做什么？ 答：多，冬季更多，主要是过冬、养老、工作，做生意。 2. 您是否和他们有过接触？在哪些地方？发生了什么？ 答：有一些接触，小区、市场、景区，来店里打印等，偶尔会聊儿句。 3. 您认为旅游消费移民对本地人产生了哪些影响？ 答：主要是提高了房价，带动了经济发展，城市变得越来越拥挤。 4. 您和您周围的人是否欢迎旅游消费移民？ 答：中立态度，因人而异。 5. 您和您周围的人如何评价旅游消费移民？ 答：部分素质较外差，总体还是挺好的。 6. 您和您周围的人与旅游消费移民相处有无困难？ 答：因人而异。 7. 您和您周围的人对旅游消费移民有什么建议？ 答：尊重当地文化和习俗，提高自身素质。
调查者 L	男，37 岁，餐饮店老板，嘎栋	1. 您好，作为本地人，您认为景洪市的外地人多吗？他们在景洪主要做什么？ 答：比较多，年轻人主要是夜市摆摊、开出租车、开酒吧、开餐饮店、服装店、房产中介等，年纪大一些的基本是过来过冬养老的。 2. 您是否和他们有过接触？在哪些地方？发生了什么？ 答：有，在小区、超市等，以及来店里吃饭，有时候会聊上几句。

续表

访谈者	基本信息	访谈内容
调查者 L	男，37 岁，餐饮店老板，嘎栋	3. 您认为旅游消费移民对本地人产生了哪些影响？ 答：由于海南限购，很多人开始涌入景洪买房用以投资或是过冬，导致物价和房价上涨。增加了本地就业的机会。外地人带来经济增长不可否认，但同时，房地产商到处建楼，城市绿化率降低，近几年景洪灰尘较大，空气质量下降，造成了环境破坏。外地人来此做生意，砍伐橡胶林或者占用大面积种植香蕉，对土地产生了不可逆转的伤害。 4. 您和您周围的人是否欢迎外地人。 答：欢迎有素质的外地人。 5. 您和您周围的人如何评价旅游消费移民。 答：相对本地人而言，他们更有生意头脑，但有时会出现联合起来排斥本地人经营的情况，还会出现排队插队。公共场合大声喧哗等不道德的行为，让本地人产生反感情绪。 6. 您和您周围的人与旅游消费移民相处有无困难？ 答：有些有困难，有些没有困难。因为存在地域差异，他们在生活习惯上与本地人未必合拍。一些人会入乡随俗，一些人带着一些不好的习惯来到这里，不顾他人感受，在相处中使人不舒服。 7. 您和您周围的人对旅游消费移民有什么建议？ 答：欢迎素质高的人来到这个美丽的地方，带着热情与欢乐生活在这里。参与、建设这个城市，让景洪越来越好。希望可以遵守秩序，入乡随俗，尊重本地文化，老年人不要倚老卖老，斤斤计较，我行我素，希望做中华文明城市的文明人。
调查者 M	女，28 岁，事业单位职员，孔雀湖公园	1. 您好，作为本地人，您认为景洪市的外地人多吗？他们在景洪主要做什么？ 答：多，工作、养老、旅游。 2. 您是否和他们有过接触？在哪些地方？发生了什么？ 答：有一些接触，主要是做生意者接触服务接触较多一些，特别是前段时间有疫情全员核酸的时候。 3. 您认为旅游消费移民对本地人产生了哪些影响？ 答：好的方面，外地人来景洪做生意，确实拉动了经济增长；不好的方面，由于很多外地人在本地买房，一定程度上抬高了房价，外地人一定程度上造成景洪交通，公共场合会更加拥挤。 4. 您和您周围的人是否欢迎旅游消费移民？ 答：不欢迎也不排斥。 5. 您和您周围的人如何评价旅游消费移民？ 答：褒贬不一。

续表

访谈者	基本信息	访谈内容
调查者 M	女，28 岁，事业单位职员，孔雀湖公园	6. 您和您周围的人与旅游消费移民相处有无困难？ 答：没有太大困难。 7. 您和您周围的人对旅游消费移民有什么建议？ 答：希望他们入乡随俗，尊重当地人的习惯，来到这里就要像热爱自己的家乡一样热爱这里。
调查者 N	男，32 岁，自由职业，沙湾	1. 您好，作为本地人，您认为景洪市的外地人多吗？他们在景洪主要做什么？ 答：还好，主要是来过冬、做生意、旅游的。 2. 您是否和他们有过接触？在哪些地方？发生了什么？ 答：很少接触，基本没什么接触。 3. 您认为旅游消费移民对本地人产生了哪些影响？ 答：房价上涨，拉动了一点点经济，影响不是很大。 4. 您和您周围的人是否喜欢旅游消费移民？ 答：不欢迎旅游消费移民的。 5. 您和您周围的人如何评价旅游消费移民？ 答：一般，客观评价，不戴有色眼镜。 6. 您和您周围的人对旅游消费移民相处有无困难？ 答：基本不相处。 7. 希望大家共同热爱景洪这片土地，人乡随俗，既来之则安之。
调查者 O	女，36 岁，教师，沙湾	1. 您好，作为本地人，您认为景洪市的外地人多吗？他们在景洪主要做什么？ 答：感觉不少。很少和他们接触，曾经在商场为他们指路。 2. 您是否和他们有过接触？在哪些地方？发生了什么？ 答：偶尔接触，在餐馆、公园、超市、景点等。 3. 您认为旅游消费移民对本地人产生了哪些影响？ 答：外来人口会给景洪本地人带来了很多经济上的压力，比如抬高了房价、物价，有时会购置房产来炒房。特别是在过年期间，外来人在观念上有明显的地域区别，景洪是一个多民族的城市，在习俗、饮食上有很大的不同。 4. 您和您周围的人是否欢迎旅游消费移民？ 答：欢迎吧，毕竟可以拉动城市的经济。

访谈者	基本信息	访谈内容
调查者O	女，36岁，教师，沙湾	5. 您和您周围的人如何评价旅游消费移民？ 答：个别素质比较低，也有好的，不肯定也不否定。 6. 您和您周围的人与旅游消费移民相处有无困难？ 答：没有困难，几乎不接触。 7. 您和您周围的人对旅游消费移民有什么建议？ 答：爱护环境，尊重民族习俗；行为语言注意个人素质，提高一下素质水平；如果只是旅居和季节性居住的话，租住就可以了，别买房了，房价太高。
调查者P	女，27岁，公司员工，沙湾	1. 您好，作为本地人，您认为景洪市的外地人多吗？他们在景洪主要做什么？ 答：多，主要是旅游、生活、工作。 2. 您是否和他们有过接触？在哪些地方？发生了什么。 答：有一些接触，公园、商超等，基本上是聊天。 3. 您认为旅游消费移民对本地人产生了哪些影响？ 答：炒房团的进入导致了房价虚高，各种投资的进入也促进了景洪的发展，其他文化的加入使景洪的文化更丰富。 4. 您和您周围的人是否喜欢旅游消费移民？ 答：少数欢迎，数量太多就不太接受了。 5. 您和您周围的人如何评价旅游消费移民？ 答：不懂得入乡随俗的外地人。 6. 您和您周围的人与旅游消费移民相处有无困难？ 答：没有困难。 7. 您和您周围的人对旅游消费移民有什么建议？ 答：需要事先了解这里的文化，不是说一定不能有自己的习惯、观念、传统，但是到了新地方也需要适应本地的习惯、观念、传统。
调查者Q	女，29岁，公司员工，沙湾	1. 您好，作为本地人，您认为景洪市的外地人多吗？他们在景洪主要做什么？ 答：多，做生意、旅居多。 2. 您是否和他们有过接触？在哪些地方？发生了什么？主要是聊天。 答：有，小区、超市、公园等，主要是聊天。

续表

访谈者	基本信息	访谈内容
调查者 Q	女，29岁，公司员工，沙湾	3. 您认为旅游消费移民对本地人产生了哪些影响？ 答：主要是造成物价、房价上涨。 4. 您和您周围的人是否欢迎旅游消费移民？ 答：不欢迎。 5. 您和您周围的人如何评价旅游消费移民？ 答：性格不是很好相处。 6. 您和您周围的人与旅游消费移民相处有无困难？ 答：有困难，感觉他们很着急，彼此难沟通。 7. 您和您周围的人对旅游消费移民有什么建议？ 答：文明交流，脾气好一点。
调查者 R	女，49岁，服装店老板，沙湾	1. 您好，作为本地人，您认为景洪市的外地人多吗？他们在景洪主要做什么？ 答：近几年外来人口较多，主要是旅游、做生意、打工居多。 2. 您是否和他们有过接触？在哪些地方？发生了什么？ 答：在景点及小区内有过接触，基本以闲聊为主。 3. 您认为旅游消费移民对本地人产生了哪些影响？ 答：主要是对本地的物价、房价和交通有一些影响。 4. 您和您周围的人是否欢迎旅游消费移民？ 答：对景洪友好的欢迎，对景洪无理取闹的不欢迎。 5. 您和您周围的人如何评价旅游消费移民？ 答：外地人对景洪经济也带来了一些益处，但是对个别素质低的外地人没有好感，总体来说还可以。 6. 您和您周围的人与旅游消费移民相处有无困难？ 答：暂时没有出现相处困难。 7. 您和您周围的人对旅游消费移民有什么建议？ 答：西双版纳是一个美丽、热情和包容的地方，我们包容您是希望版纳变得越来越好。既然您来到了这片热土，就希望我们能够一起热爱，一起守护这片美丽的热带雨林。
调查者 S	男，53岁，司机，三分场	1. 您好，作为本地人，您认为景洪市的外地人多吗？他们在景洪主要做什么？ 答：多，主要是经商、打工、旅游。

续表

访谈者	基本信息	访谈内容
调查者 S	男，53岁，司机，三分场	2. 您是否和他们有过接触？在哪些地方？发生了什么？ 答：有接触，接触多的是一起开车的，聊天，吃饭。 3. 您认为旅游消费移民对本地人产生了哪些影响？ 答：总体来说促进了经济的发展，但这几年景洪物价更高了，房价也高了很多，就业竞争更激烈，交通也更加拥挤，人满为患，人多了问题自然也就多了。 4. 您和您周围的人是否喜欢旅游消费移民？ 答：分人，看什么样的外地人。例如，隔壁租房子在这里打工的外地人，他们特别没有素质，有时候很晚了他们还是很吵闹，这样的外地人不欢迎。 5. 您和您周围的人如何评价旅游消费移民？ 答：总体挺好的，看个体，有好有坏，有的太差。 6. 您和您周围的人与旅游消费移民相处有无困难？ 答：好相处的没有困难。 7. 您和您周围的人对旅游消费移民有什么建议？ 答：尊重当地风俗习惯，提高个人素质，不要影响到他人生活。
调查者 T	男，59岁，景洪居住的，自己的采石场在动腊	1. 您好，作为本地人，您认为景洪市的外地人多吗？他们在景洪主要做什么？ 答：多，在景洪做生意、打工、过冬养老。 2. 您是否和他们有过接触？在哪些地方？发生了什么？ 答：有接触，有时候会去他们开的超市、餐馆消费。 3. 您认为旅游消费移民对本地人产生了哪些影响？ 答：总体来说促进了景洪的发展，但这房价明显高了，物价涨了，人越来越多了，景洪原来美丽宁静的感觉少了。 4. 您和您周围的人是否喜欢旅游消费移民？ 答：得分人，不讨厌也不喜欢。 5. 您和您周围的人如何评价旅游消费移民？ 答：素质低的少来吧。 6. 您和您周围的人与旅游消费移民相处有无困难？ 答：做生意的人，见的人多，相处没有困难。 7. 您和您周围的人对旅游消费移民有什么建议？ 答：要尊重本地人、本地文化，不要太吵闹，提高素质。